期货投资者教育系列丛书

精对苯二甲酸（PTA）期货

中国期货业协会　编

中国财经出版传媒集团
中国财政经济出版社

图书在版编目（CIP）数据

精对苯二甲酸（PTA）期货／中国期货业协会编．--北京：中国财政经济出版社，2022.8（2025.3重印）
（期货投资者教育系列丛书）
ISBN 978-7-5223-1405-1

Ⅰ.①精…　Ⅱ.①中…　Ⅲ.①对苯二甲酸-期货交易-基本知识　Ⅳ.①F830.93

中国版本图书馆 CIP 数据核字（2022）第 072726 号

责任编辑：康婧琳　贾延平　　　责任校对：张　凡
封面设计：王　颖　　　　　　　责任印制：刘春年

精对苯二甲酸（PTA）期货
JINGDUIBEN ERJIASUAN（PTA）QIHUO

中国财政经济出版社 出版
URL：http：//www.cfeph.cn
E-mail：cfeph@cfeph.cn

社址：北京市海淀区阜成路甲 28 号　邮政编码：100142
营销中心电话：010-88191522
天猫网店：中国财政经济出版社旗舰店
网址：https：//zgczjjcbs.tmall.com
涿州汇美亿浓印刷有限公司印刷　各地新华书店经销
成品尺寸：170mm×230mm　16 开　16 印张　240 000 字
2022 年 8 月第 1 版　2025 年 3 月河北第 2 次印刷
定价：42.00 元
ISBN 978-7-5223-1405-1
（图书出现印装问题，本社负责调换，电话：010-88190548）
本社质量投诉电话：010-88190744
打击盗版举报热线：010-88191661　QQ：2242791300

前　言

我国期货市场经过30多年发展，经历了从无到有、从小到大、从乱到治，走出了一条独具特色的道路，取得了令人瞩目的成就。30多年来，期货市场的规则体系不断完善，品种创新有序推进，风险管理工具进一步丰富，对外开放进程明显加快。期货市场的规模稳步扩大，市场投资者结构逐步优化，资产管理和风险管理等创新业务探索取得初步成效。期货市场整体运行质量和效率不断提高，价格发现和风险管理的基础功能得到发挥，在优化资源配置，促进产业升级，助力脱贫攻坚和维护国家经济金融安全等方面发挥着越来越重要的作用。

随着我国期货市场规模的不断发展壮大，新的市场参与者特别是个人投资者呈持续上升趋势。投资者是期货市场的重要主体，期货市场的发展离不开投资者的积极参与。中小投资者是我国现阶段资本市场的主要参与群体，但处于信息弱势地位，抗风险能力和自我保护能力较弱，合法权益容易受到侵害。维护中小投资者合法权益是证券期货监管工作的重中之重，关系广大人民群众的切身利益，是资本市场持续健康发展的基础。因此，当前我国期货市场正处于快速发展时期，做好投资者教育工作意义深远。

2013年，《国务院办公厅关于进一步加强资本市场中小投资者合法权益保护工作的意见》（以下简称《意见》）发布，指出要强化中小投资者教育，加大普及证券期货知识力度。将投资者教育逐步纳入国民教育体系，有条件的地区可以先行试点。充分发挥媒体的舆论引导和宣传教育功能。证券期货经营机构应当承担各项产品和服务的投资者教育义务，保障费用支出和人员配备，将投资者教育纳入各业务环节。提高投资者风险防范意识。自律组织应当强化投资者教育功能，健全会员投资者教育服务自律规则。中小投资者应当树立理性投资意识，依法行使权利和履行义务，养成良好投资习惯，不听信传言，不盲目跟风，提高风险防范意识和自我保护能力。2019 年 3 月，中国证监会、教育部联合印发了《关于加强证券期货知识普及教育的合作备忘录》（以下简称《合作备忘录》），旨在学校教育中大力普及证券期货知识，推动全社会树立理性投资意识，提升国民投资理财素质，维护社会和谐稳定。

随着《意见》的深入贯彻和落实，我国中小投资者保护工作取得了积极成效，围绕投资者教育工作，期货市场的监管部门、自律组织与中介机构都深入进行了大量形式多样、内容丰富、卓有成效的工作。由中国期货业协会组织编写的《期货投资者教育系列丛书》，就是协会按照中国证监会的统一部署，贯彻落实期货投资者教育工作的重要措施之一，也是协会积极响应《关于加强证券期货知识普及教育的合作备忘录》要求，推动期货知识进校园、进课堂、纳入国民教育体系的切入点。本丛书是为期货投资者编写的一套普及性读物，以广大普通投资者为服务对象，兼顾了专业机构的需求，采取简单明了的问答体例，在语言上力争做到深入浅出、通俗易懂、可读性强。衷心地希望本丛书的出版能够为期货投资者了解期货市场、树立风险意识、理性参与期货交易提供有益的帮助。

在此，我们对所有在本丛书编写和出版过程中付出辛勤劳动的朋友表示衷心感谢。由于编写时间紧迫，书中错误和疏漏在所难免，恳请读者批评指正。

中国期货业协会

2022 年 8 月

目　录

第一章

了解 PTA 现货

本章要点

本章主要对 PTA 进行了介绍，如 PTA 的特性和用途、PTA 产业链上下游的基本情况等，以帮助投资者了解 PTA 现货的基本知识，为操作 PTA 期货打下良好的基础，做好充分的准备。

一、PTA 是什么？

PTA，是 Purified Terephthalic Acid 的英文缩写，其化学名称为精对苯二甲酸。PTA 是一种重要的大宗化工原料，在常温下是白色粉状晶体，无毒、无味、易燃。在一定条件下，PTA 若与空气混合，则遇火即燃烧，PTA 是原油经过一系列工序加工而成的。

二、PTA 有什么用途?

尽管 PTA 是一种化工原料，但与百姓的生活却密切相关。与其他农产品、金属产品及能源等期货产品相比，PTA 对于多数期货界人士来讲较为陌生。其实 PTA 离我们的生活并不遥远，在百姓衣食住行中的“衣”中被广泛使用。PTA 是纺织纤维的重要原料之一，是人们俗称的“涤纶”的主要原料（涤纶的学名为聚酯纤维）。世界上 90% 以上的 PTA 用于生产聚酯。聚酯产品是以精对苯二甲酸（PTA）和乙二醇（EG）为原料经酯化缩聚反应而制成的，纤维还需经纺丝和后期处理才能制成。生产 1 吨聚酯需要 0.85～0.86 吨的 PTA 和 0.33～0.34 吨的乙二醇。聚酯包括聚酯纤维、纤维切片、瓶用切片和薄膜切片等。在国内市场上，PTA 的下游延伸产品主要是聚酯纤维，75% 的 PTA 用于生产聚酯纤维，20% 用于生产瓶级聚酯，主要应用于各种矿泉水、碳酸饮料、茶饮料、食用油的包装等，5% 用于生产膜级聚酯，主要应用于包装材料、胶片和磁带等。总之，PTA 在轻工、电子、建筑等国民经济的各个方面均有广泛的应用。

三、PTA 的生产工艺是怎样的?

PTA 为石油的下端产品。经过一定的工艺过程，石油可以被加工成石脑油（别名轻汽油），从石脑油中可提炼出 MX（混二甲苯），再提炼出 PX（对二甲苯）。PTA 生产工艺过程由分氧化单元和加氢精制单元两部分组成。PTA 以 PX（PX 占 65%～67%）为原料，以醋酸为溶剂，在催化剂的作用下经空气氧化（氧气占 35%～33%），生成粗对苯二甲酸；然后对粗对苯二甲酸进行加氢精制，去除杂质，再经结晶、分离、干燥，制得精对苯二甲酸产品，即 PTA 成品。PTA 生产工艺可以参考图 1－1。

图 1－1　PTA 生产工艺

四、PTA 行业的现状如何？

我国是目前世界上最大的 PTA 产销国，但十几年前，我国的 PTA 产销量远低于需求量。2020 年，我国 PTA 产量 4950 万吨，表观消费量 4956 万吨，能完全实现自给自足，同时还有 85 万吨 PTA 用于出口。2002 年我国 PTA 产量只有 245.2 万吨，表观需求量仅为 674.9 万吨。不但产销量较低，而且高度依赖进口，进口依存度达到 63.6%。在我国加入 WTO 之后，开放力度加大，经济发展速度显著提升，PTA 产量和产能也不断扩张。2007 年，我国 PTA 产量超过进口量，自给率超过 50%。2012 年之后产能进一步扩张，增速达到 64%。2016 年我国 PTA 产量达到 3310 万吨，表观消费量 3249 万吨，从净进口国转变为净出口国，实现自给自足。之后，在供给侧改革的背景下 PTA 产能增速放缓，但依然在增加。2020 年产能进一步扩张，达到 5763 万吨，产量达到 4950 万吨。在我国经济高速发展背景下，依托国家政策支持、国内产业技术水平提高和市场需求的拉动，我国 PTA 产业的发展实现了快速的飞跃。而在这一过程中也孕育出一些行业内较为强大的 PTA 龙头企业，这些企业既是产业发展的贡献者也是受益者。表 1－1 列示了近年来我国 PTA 在建和拟建企业的概况。随着 PTA 供应商队伍的明显壮大，聚酯工厂对原料供应商的可选择范围将扩大，在合同商谈中的话语权有了明显提升。

表 1－1　　近年来我国 PTA 在建拟建统计

时间	企业名称	地区	产能（万吨）	投产时间
2019 年	四川晟达	四川	100	2019 年 5 月底
	新凤鸣独山子 1#	浙江嘉兴	220	2019 年 10—11 月
	总计	中国	320	
2020 年	新疆中泰	新疆	120	2020 年 1 月投产
	恒力四期	大连	250	2020 年 3 月投产
	恒力 5#	大连	250	2020 年投产
	新凤鸣独山子 2#	浙江嘉兴	250	2020 年 11 月投产
	总计	中国	1510	
2021 年	福建百宏	福建泉州	240	2021 年 2 月投产
	虹港石化	江苏	250	2021 年 3 月投产
	逸盛新材料（一期）	浙江	350	2021 年 6 月投产
	恒力（惠州）	广东	250	2021 年 12 月 31 日投产
	逸盛新材料（二期）	浙江	350	2021 年第 3 季度投产
	总计	中国	1440	
2022 年	恒力（惠州）	广东	250	2022 年 1 月 31 日投产
	东营威联	山东	250	2022 年 9 月 30 日投产
	桐乡桐昆	浙江	500	2022 年 12 月 31 日投产
	仪征化纤	江苏	300	
	江苏盛虹	江苏	250	
	华彬石化	浙江	220	
	海南逸盛	海南	220	
	总计	中国	1990	
2023 年	宁波台化	浙江	150	2023 年 12 月 31 日投产
	总计	中国	150	

资料来源：中国化纤信息网

五、目前我国 PTA 企业的地位如何？

PTA 的整条产业链如下：原油→石脑油→MX→PX→PTA→聚酯（切片、直纺涤短、涤纶长丝 POY/FDY/DTY）→纺织面料。其中，与 PTA 联系最为紧密、价格相关性系数最高的 PX 原料市场是供应相对偏紧的寡头垄断市场，近年来随着国内聚酯需求稳步增加，国内大炼化装置上马，PTA 产业国产化进程加快，产能增长迅猛，促使 PX 需求大幅增加。2020 年国内 PX 表观需求量上升至 3446.1 万吨，这个数字是 2009 年的 4 倍之多，国内 PX 的扩产幅度更为惊人，近两年 PX 供应处于过剩状态，目前 PTA 生产企业对其上游原料 PX 的议价能力有显著提高。

六、PTA 生产企业销售的作价方式有哪些？

PTA 生产企业销售的定价方式有如下三种形式：

1. 合同货销售：以结算价的形式进行，一般通过参考当月内外盘现货平均价来确定结算价，是目前的主流作价方式。

2. 买断价格：一口价。在行情不好、库存高企的时候偶尔会出现这种情况，这种买断价格往往会略低于当月预期合同结算价格。

3. 点价交易：一般是指以被指定的期货价格为计价基础，在期货合约价格的基础上加上或者减去之前谈判约定好的升贴水，这个最终价格形成商品定价。而这里所说的升贴水，即为基差，也就是现货价格与期货价格之间的价差。在实际贸易中，基差成为衡量现货市场强弱的最为直接、有说服力的指标。

七、PTA 贸易商有什么特点？

PTA 贸易商主要以 PTA 买卖为主营业务，一般从 PTA 生产企业采购 PTA，有时也在现货市场上采购 PTA，然后将采购的 PTA 转卖给其他贸易商或下游聚酯工厂，通过买和卖的操作，获取价差利润。

PTA 贸易商是 PTA 现货交易市场中必不可少的一环，起到了市场润滑剂的作用，能增加市场的流动性，也发挥了价格发现的作用。PTA 贸易商是连接上游产品提供方和下游生产企业的中间环节，方便生产企业卖出 PTA 产品和消费企业买入 PTA 产品，保障上下游之间在 PTA 产品数量、品质和价格上的有效对接。

八、PTA 上游化工产业链的基本情况如何？

原油作为工业经济的重要能源之一，是影响国计民生和国家安全的重要战略物资，加之其不可再生性，使其越来越受到高度重视。在原油的直接产品中，成品油所占的比例最大，大约占下游所有产品总量的 80% 以上；另外不足 20% 的产品为烯烃、芳烃产品，而烯烃、芳烃产品是下游化工行业的重要原料，在芳烃的分支下，有我们今天的主角——PTA（上游原油化工生产流程如图 1－2 所示）。

炼油厂一般通过催化裂解或原油直接蒸馏生产成品油和石脑油（别名轻汽油），而烯烃工业是以石脑油为生产原料的，烯烃类包括乙烯、丙烯和丁二烯，乙烯是聚酯的另一原料 EG（乙二醇）的重要原料，在此我们不多介绍。而芳烃类包括纯苯、甲苯和二甲苯，在二甲苯的异构体当中，PX

(对二甲苯)具有较大实用价值,也是PTA的主要生产原料。在化工合成方面,PX是化纤工业最主要的原料之一。

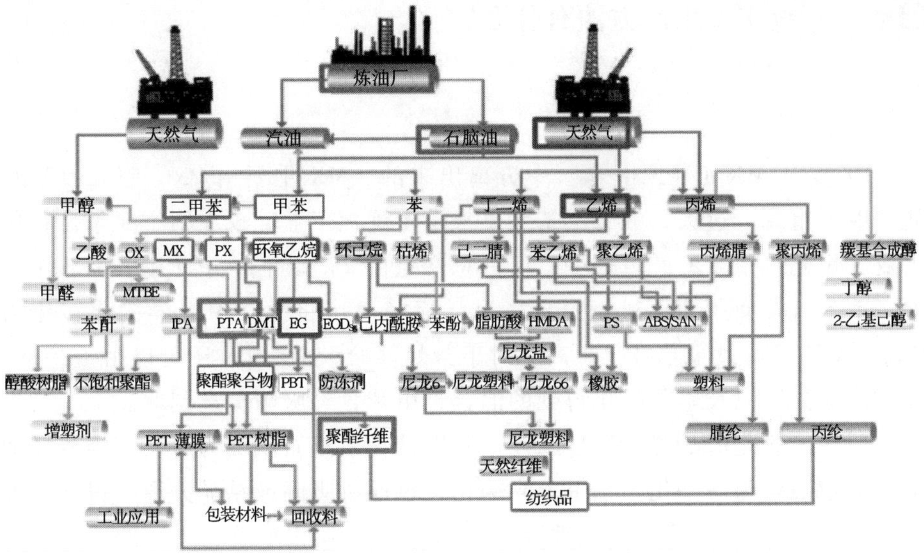

图1-2 上游原油生产化工流程

九、PTA主要原料PX是什么?

PX(对二甲苯)是重要的化工原料,其英文名称是P-xylene,为无色透明液体,具有芳香气味,结构中有苯环,是芳烃的一种。它的比重为0.861,熔点13.2℃,沸点138.5℃,闪点25℃,能与乙醇、乙醚、丙酮等有机溶剂混溶。PX易燃、有毒,其蒸气与空气易形成爆炸性混合物,爆炸极限1.1%~7.0%(体积)。其结简式表示为:CH_3-(C_6H_4)-CH_3,分子式:C_8H_{10}。

十、PX生产方法有什么？

PX是从MX（混二甲苯）中分离出来的，MX主要由PX、邻二甲苯及间二甲苯组成。过去，混二甲苯主要来自于炼焦工业，现在则主要来自石化工业。焦化二甲苯的产量很少，仅占总产量的2%以下，并且几乎全部作为混二甲苯直接使用而不进行分离。另一途径也可将邻二甲苯异构化转化为PX，PX还可通过甲苯歧化生产。对于芳烃联合装置，PX还可以由重整液、加氢汽油分馏以及甲苯歧化得到的混合二甲苯，经吸附分离制取。

现在工业化的是芳烃联合工艺，其以催化重整石脑油为原料，经芳烃抽提、甲苯歧化与烷基化、二甲苯异构化，再通过吸附或结晶分离，得到高纯度PX的过程。此过程涉及五个单元，分别为：催化重整、芳烃抽提、甲苯歧化及烷基转移、二甲苯异构化、PX分离。高纯度的PX是如何得到的？通过甲苯歧化反应，甲苯在催化剂的作用下，经过烷基化转移生产出高纯度的PX。改进的工艺技术已可使甲苯歧化生成对二甲苯的生产率提高到大于90%。

二甲苯异构化的作用是什么？二甲苯异构化主要是为了PX增产。其过程是将贫PX的C_8芳烃在催化剂作用下进行4种同分异构体间的重新平衡的工艺技术。可以使已分离出PX和部分邻二甲苯的C_8芳烃异构体混合物有效地转化为接近平衡浓度组分的C_8芳烃混合物，重新建立起C_8芳烃异构体之间的平衡，达到增产PX的目的。

扬子石化在2011年10月采用自主PX吸附分离技术的工业示范装置生产出合格品，这也标志着中国掌握了全套芳烃生产技术。另一种生产工艺为甲苯-甲醇烷基化合成PX的新兴工艺路线，以甲苯和甲醇为原料，在催化剂的作用下，通过烷基化反应生产PX和其他副产品。一般分为原料预处理、烷基化反应、原料循环回收和PX分离提纯4个单元，其优点为转化率高、成本低、污染小，是未来研究的主要方向。

十一、国内 PX 生产企业有哪些？

截至 2021 年 5 月底，我国共有 22 家 PX 生产企业，总产能共计 2683 万吨（见表 1－2）。2009 年以前我国 PX 生产企业多以自用为主，仅有少量产品外销。尽管我国 PX 产能已达到 2683 万吨/年，但仍然难以满足国内 PTA 生产的需求，每年仍有大量进口补充供需缺口，目前 PX 的进口依存度略有下滑，但仍然高达 35%。

表 1－2　我国主要 PX 生产企业及其产能统计（截至 2021 年 5 月底）

企业名称	产能（万吨/年）	地点
镇海炼化	75	浙江宁波
扬子石化	89	江苏南京
天津石化	39	天津
金陵石化	70	江苏南京
洛阳石化	23	河南洛阳
上海石化	100	上海
齐鲁石化	9.5	山东淄博
海南炼化	166	海南洋浦
福建炼化	85	福建泉州
乌鲁木齐石化	106.5	新疆乌鲁木齐
辽阳石化	100	辽宁辽阳
彭州石化	75	四川彭州
青岛丽东	100	山东青岛
中海油惠州	95	广东惠州
福佳大化	140	大连大孤山
福化集团	160	福建漳州
中金石化	160	浙江宁波

续表

企业名称	产能（万吨/年）	地点
恒力炼化	450	中国大连
中化弘润	60	山东潍坊
浙江石化	400	浙江宁波
东营威联石化（富海）	100	山东东营
中化泉州	80	福建泉州
中国国内总计	2683	—

十二、亚洲 PX 的定价模式有哪些？

我国 PX 仍需要大量进口，2020 年进口 PX 仍高达 1386.1 万吨，从图 1－3可以看出，按贸易国来统计，我国从韩国的 PX 进口量最大，占比约为 36.7%，其次是日本，占比约 12.5%，第三是文莱，占比约 9.3%。可以看出，我国 PX 进口来源基本以亚洲国家和地区为主。

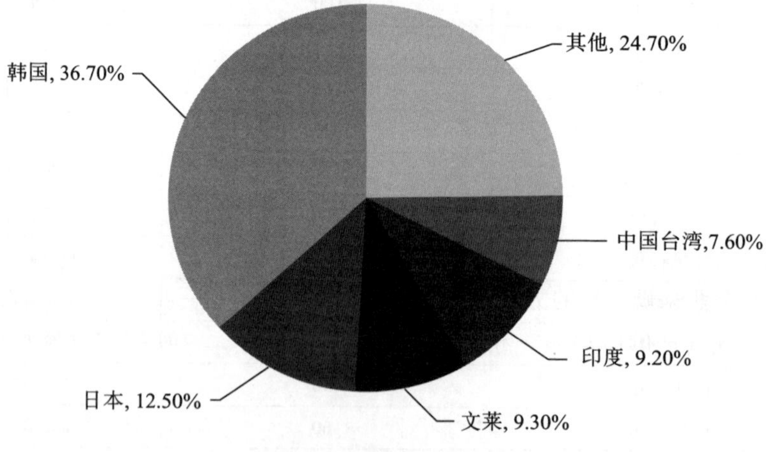

图 1－3　2020 年按贸易国划分进口 PX 比例图

亚洲主要采用以下三种对 PX 的定价模式：

1. ACP：亚洲合同结算价，是 Asia Contract Price 的缩写。20 世纪 90 年代，亚洲四大 PX 供应商（日本出光、新日石油、日本能源和埃克森美孚）与亚洲范围内 PTA 主流生产商间创立的定价方法，是亚洲市场的主流结算方式，具有相对优惠和稳定的优势。

2. KCP：韩国公司为主导的 PX 结算方式，是 Korea Contract Price 的缩写。

基本公式：50% ×ACP +50% ×FOB 韩国

这种定价模式从 2000 年以来开始流行，需参考一般的现货价格。

3. KCP + A：国内工厂接受的外盘 PX 结算价格。

通过日本、韩国和中国香港等地的代理商和贸易商取得的定价方法，成本最高，而且货源不甚稳定。

十三、中国境内 PTA 工厂的 PX 定价模式有哪些？

1. 系统内部自结。如扬子石化、仪征等中石化、中石油内部供给本系统下游企业，其特点是供应稳定和价格优惠。

2. ACP 价格。比如逸盛石化、盛虹石化等企业，采用“ACP 价格 + 升贴水”的定价方法，其特点是优惠而又稳定。如果 ACP 价格未达成，则采用月均价进行结算。

3. KCP 价格 +其他成本。如亚东石化、三鑫石化，该模式并非直接一手商，且价格最高，供应也不稳定。

PTA 企业采购 PX 的方式主要有：（1）合同货：一般以月均价为当月结算价，其特点是供应稳定，价格优惠；（2）现货：一般是一口价，采取买断式采购形式，其特点是供应不稳定，价格随机性大。当 PX 价格下跌的时候，PTA 生产商可以买到 PX，并自由调节开工，当 PX 价格上涨的时候，PTA 工厂无法买到足够的 PX，无法维持比较高负荷的开工状态。国内 PTA

企业有时会面临成本相对较高，供应不稳定，无法按照自己的意愿来调节全年的开工从而不得不被动调整开工的困难。

十四、PX 贸易企业的现状如何？

因我国 PX 装置集中投产供应增加，下游买方议价权提升，PX 现货比例也随之增加。特别是我国聚酯及 PTA 行业的发展壮大，刺激我国现货 PX 贸易市场的发展。我国 PX 大力发展之后，下游 PTA 工厂 PX 采购变得更加容易，特别是现货价格低于合同货价格时，PX 的现货采购量会明显加大，而我国企业比较喜好现货操作，因此 PX 现货比例也将因中国企业国际化采购而提高。中国已成为亚洲 PX 现货的贸易中心。

PX 对外贸易的特点。日本、韩国和中国台湾地区是我国 PX 的主要来源地，每年来自这三个来源地的 PX 约占到进口总量的 60%。2021 年 1—4 月我国 PX 实际进口来源国情况如表 1－3 所示。

表 1－3　2021 年 1—4 月我国 PX 各来源地进口概况

产销地	贸易数量（吨）	贸易额（美元）	进口占比（%）
韩国	5090873	3069316152	36.7
日本	1727161	1044896717	12.5
文莱	1286253	751580665	9.3
印度	1280105	760113391	9.2
中国台湾	1050708	630874008	7.6
阿曼	597088	334128777	4.3
泰国	579970	350847157	4.2
越南	432760	255678025	3.1
新加坡	419623	247183523	3.0

续表

产销地	贸易数量（吨）	贸易额（美元）	进口占比（%）
马来西亚	408244	246529140	2.9
沙特阿拉伯	352902	209947077	2.5
科威特	326671	190805792	2.4
伊朗	226480	130249290	1.6
哈萨克斯坦	41940	21178830	0.3
印度尼西亚	30352	16597292	0.2
土耳其	9923	5162387	0.1
美国	0	34668	0.0
德国	0	2397	0.0
总计	13861053	8265125288	

数据来源：浙江华瑞信息网

PX 进口贸易企业的交易模式。我国对 PX 的进口依存度高，亚洲 PX 企业又有寡头垄断的特点，因此 PX 的出口贸易商及生产商在贸易谈判中处于相对强势地位。我国企业为了稳定获取 PX 原料，主要采取与 PX 贸易商签订长期合约的模式。在这个模式中，国内 PTA 生产企业向国外 PX 生产企业或贸易商提出采购需求，签订一年以内的贸易合同，按月分批发货，大部分采用信用证结算。分批发货的具体结算价，参考国际市场主流厂商和贸易商的交易价格。

PX 进口贸易企业的贸易性质。PX 进口贸易商带有一定的融资性质，这与银行贸易金融产品密切相关。PX 进口中采用较多的贸易金融模式是“远期信用证 + 押汇”。银行核定 PTA 生产企业、PX 贸易商的贸易融资额度，企业按照银行要求存入保证金（一般为开证金额的 15% ~ 30%），银行再向出口方开立远期信用证（一般为 90 天远期信用证），等信用证到单之后，企业再承兑信用证。信用证到期前，企业以自有资金偿付信用证或者可以进一步向银行申请押汇融资用于偿付信用证，押汇融资期一般为 90 天。所以，进口企业采用“远期信用证 + 押汇”模式，可以获得 180 天左右的融资期。

十五、PTA 下游聚酯链的基本情况如何？

PTA 与另一聚酯原料乙二醇（MEG）经过聚合生产出聚酯产品：聚酯纤维、聚酯瓶片、聚酯薄膜（见图 1－4）。聚酯纤维又分长丝和短纤。在我国聚酯纤维产量中，长丝约占 4/5，短纤占 1/5 左右。长丝和短纤的生产有两种：一种是 PTA 和 MEG 生产出切片，用切片溶解后喷丝而成；另一种是 PTA 和 MEG 在生产过程中不生产切片，而是融体增压后直接喷丝而成，所以在图 1－4 中 PTA 到短纤和长丝中用了两个箭头。

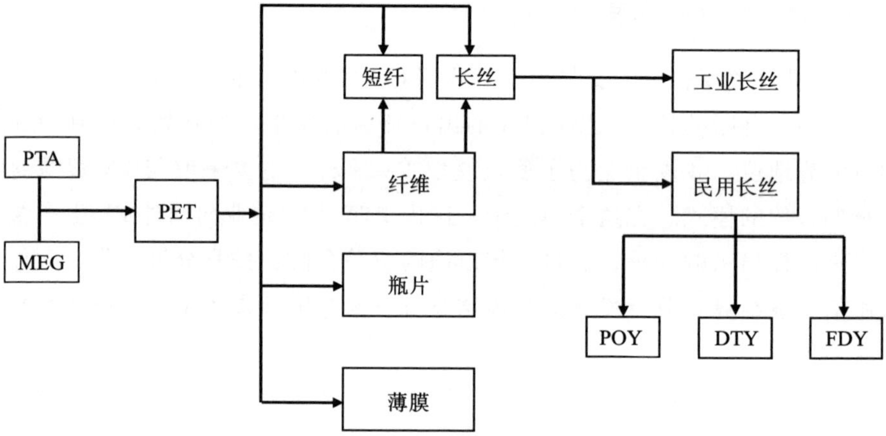

图 1－4　PTA 下游产品示意图

十六、聚酯产品是什么？

聚酯（PET）属于高分子化合物，是由精对苯二甲酸（PTA）和乙二醇

（EG）经过缩聚产生聚对苯二甲酸乙二醇酯（PET），生产1吨聚酯需要0.85～0.86吨的PTA和0.33～0.34吨的乙二醇。聚酯产品主要有涤纶长丝、涤纶短纤、聚酯切片、聚酯瓶片等。在2020年国内聚酯产品的新增产能中，涤纶长丝的产能占比最高，为52%，其次是聚酯瓶片为28%（广泛用于各种饮料尤其是碳酸饮料的包装）。涤纶短纤占6%，聚酯切片产能占9%，薄膜产能仅占5%（主要用于包装材料、胶片和磁带）。在涤纶丝中涤纶长丝的产量占80%左右，其余是涤纶短纤。

涤纶长丝一般可分为POY（预取向丝）、FDY（全牵伸丝）、DTY（低弹丝）等三大类。POY主要用于后加工生产，如生产DTY、DT（拉伸加捻丝）、ATY（空气变形丝）。FDY主要用于服装、纺织行业。DTY是针织（纬编、经编）或机织加工的理想原料，适宜制作服装面料（如西服、衬衫）、床上用品（如被面、床罩、蚊帐）及装饰用品（如窗帘布、沙发布、贴墙布、汽车内装饰布）等。其中，细旦丝（特别是三叶异形丝）更适合做仿丝绸织物，中粗旦丝可做仿毛型织物。

POY、FDY和DTY的生产过程如下：

POY一般有两种，一种直接用于织造，另一种用于加弹，经过加工后成为DTY，规格一般有50D、75D、100D、150D（D：Denier，中文译为丹尼尔，是纤维的纤度单位，数值越高则重量越重，且紧实度越强）等。FDY一般直接用于织造或经编，规格一般有50D、68D、75D、100D、150D、200D等。DTY一般直接用于织造，规格一般从75D～300D不等。

涤纶短纤与长丝的最大不同是，短纤会按不同用途而加工成不同粗细，并切成需要长度的短纤维，而且根据其用途而卷曲成需要的形态。涤纶短纤维的分类如下：

1. 按物理性能分为高强低伸型、中强中伸型、低强中伸型、高模量型、高强高模量型。

2. 按后加工要求分为棉型、毛型、麻型、丝型。

3. 按用途分为纺纱制线用、非织造用、填充用、工业用。

4. 按功能分为阳离子可染、吸湿、阻燃、有色、抗起球、抗静电。

5. 按纤维截面分为圆形丝、异型丝、中空丝。

涤纶短纤的主要用于制作棉纺，涤纶短纤需求增长主要来自棉纺业的发展。

根据用途的不同，聚酯切片可以分为纤维级聚酯切片、瓶级聚酯切片和膜级聚酯切片三类。纤维级聚酯切片用于制造涤纶短纤和涤纶长丝，是供给切片纺涤纶纤维企业加工纤维及相关产品的原料。聚酯切片除制作成纤维外，还有聚酯瓶片和聚酯膜片。其中，聚酯瓶片主要用于饮料和食品包装，包括碳酸饮料、食用油、调味品、速冻食品、啤酒、白酒、农药、医药、化妆品、个人护理品等。瓶级聚酯切片分为共聚、均聚两类，根据不同用途可分别用于矿泉水瓶、碳酸饮料瓶、其他食品容器及包装材料。截至 2020 年底，中国聚酯瓶片的产能已达 1196 万吨，当年产量在 951 万吨左右。由于聚酯瓶成本低、节能、环保，随着人民生活水平的提高和环保意识的加强，将更多地取代玻璃瓶用于包装。聚酯薄膜作为一种电绝缘薄膜自 19 世纪 50 年代问世以来，由于其优良的机械性、耐化学性和尺寸稳定性，得到迅速发展和广泛应用。随着家电业的发展，厚型聚酯薄膜的使用量迅速增加。近年来，聚酯薄膜已广泛应用于包装材料、印刷材料、建筑材料、办公材料、磁性材料和感光材料等民用方面以及尖端和高新技术领域。

十七、PTA 下游聚酯类企业发展历程和经营现状如何?

聚酯（PET）发明于 1944 年，1949 年率先在英国实现工业化生产，因其具有优良的弹性、耐磨性和高强度等性能，成为合成纤维中产量最大的品种。在 20 世纪 70 年代以前，聚酯的生产水平在欧美一些发达国家一直在不断提高，从 20 世纪 90 年代开始，聚酯工业的发展重心开始转向亚洲。我国聚酯的生产起步较晚，于 70 年代开始形成产业化，上海、天津、辽阳等地先后建立了聚酯生产基地，80 年代后我国以间歇式、半连续的小聚酯生产装置为主要生产模式。进入 21 世纪，我国聚酯业开始从聚合向纺丝的连续化直接装置方式发展，目前以直纺连续化生产装置为主要生产模式。

随着近些年我国经济的迅速发展，国内对聚酯切片的表观消费量也在迅速增长，进一步推进了中国的聚酯产能迅速发展。截至 2021 年，我国聚酯产能已达到 6602 万吨。2015—2020 年期间国内聚酯瓶片产能的年均增长率最高，这主要得益于近年来国内饮料需求的健康发展。年均产能增长率排名第二的是涤纶长丝，而涤纶短纤和聚酯切片以及膜片的年均增长率较低。事实上自从 2015 年供给侧改革和环保政策推进以来，聚酯企业就开始淘汰落后的小产能企业模式，逐步推行并购重组的产能模式。2018 年，聚酯产能大投放加速了对 PTA 的需求，促使 PTA 价格从 5800 元/吨上涨至 8100 元/吨，涨幅约达 40%。但原料 PTA 价格的快速上涨却没有带来聚酯产品价格的相应跟涨，造成许多聚酯企业都面临亏损的局面。2020 年上半年，受新冠肺炎疫情的影响，下游订单萎缩严重，需求跟进不足，致使聚酯企业开工率大幅下滑，利润承压。2020 年下半年后，随着终端纺织服装需求的逐步增长，聚酯产品的价格才逐步回到疫情前的水平。

十八、产业链上下游各环节与 PTA 的关系如何？

通过以上产业链的介绍可以看出，PTA 既是石油的末端产品（见图 1－5），又是化纤的前端产品，也可以说，PTA 是石化与化纤产业链的中间人，承前启后。由于 PTA 与产业链上游及下游产品之间均存在较强的关联

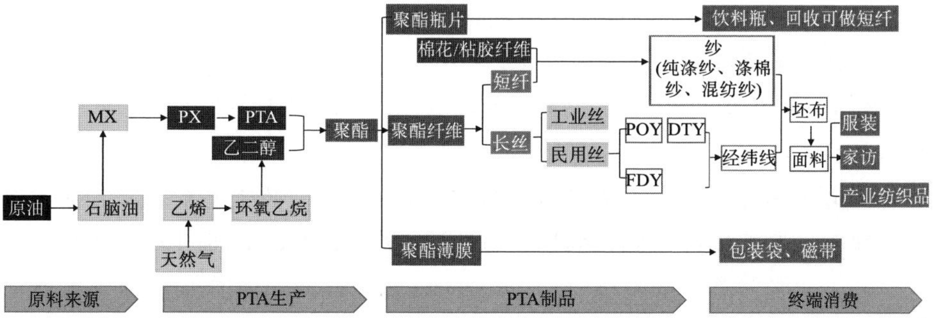

图 1－5　PTA 产业链上下游示意图

关系，所以无论是对产业链上游的 PX 及芳烃类产品，还是对下游的聚酯及以涤纶为原料的纺纱来说，如果 PTA 价格出现波动，上述环节都将受到波及，生产经营均会出现风险，所以说上述各环节所涉及的企业，均有参与 PTA 期货的必要。

自测题

一、填空题

1. PTA 是一种重要的大宗________原料，在常温下是________晶体。

2. PTA 离我们的生活并不遥远，在百姓的衣食住行中的________中有广泛的使用。

3. PTA 是纺织纤维的重要原料之一，是人们俗称的________的最直接原料，世界上________以上的 PTA 用于生产聚酯。

4. PTA 的产业链较长，上游 PTA 的前端是原油________业，下游是______行业，终端是________行业（少部分是包装品）。

5. 每月 PX 的 ACP 价格是指亚洲________，是 Asia contract price 的缩写。

6. PX（对二甲苯）是重要的化工原料，其英文名称为 P - xylene，为无色透明液体，具有芳香气味，结构中有苯环，是________的一种。

7. PX 是从________中分离出来的，混二甲苯主要由________组成。混二甲苯过去主要来自炼焦工业。

8. PX（对二甲苯）主要用于制取________和 DMT（对苯二甲酸二甲酯），进而生产________。

9. 以往日本、韩国和中国台湾地区，是我国 PX 的主要来源地，每年来自这三个来源地的 PX 约占到进口总量的 60%。2021 年我国 PX 生产企业共有________家，总产能共计________万吨。随着我国 PX 产能增加，进口量略有下滑。

10. 随着我国聚酯及 PTA 行业逐渐发展壮大，中国现货 PX 贸易市场也在加速发展，目前中国已成为PX现货的________贸易中心。

11. ________在2011年10月采用自主PX吸附分离技术的工业示范装置生产出合格品，这也标志着中国掌握了全套芳烃生产技术。

12. 我国PX贸易商多以进口________的现货为主，然后就近销售于现货市场。

13. 据统计目前我国聚酯企业已有________家以上，如果加上间接的切片纺企业，企业数量可达________家以上，而且年产能20万吨以上的大中型企业占到总企业数的一半左右。伴随着聚酯业的快速发展，聚酯企业的竞争也越来越激烈，许多企业都面临着非常________的生存危机。

14. PTA下游的聚酯产品主要有涤纶长丝、涤纶短丝、聚酯切片、聚酯瓶片等。其中________%用于制造涤纶长丝和涤纶短丝，________%用于瓶级聚酯（广泛用于各种饮料尤其是碳酸饮料的包装）、________%用于聚酯薄膜（主要用于包装材料、胶片和磁带）。

15. 涤纶长丝一般可分为________、________、DTY等三大类。

16. 国内聚酯瓶片主要用于________、食用油、调味品等食品及非食品包装，其中饮料行业的消费量约占________以上。

17. 由于聚酯纤维的生产装置及工艺的不同，涤丝的生产主要分为________和________两种。

二、选择题

1. PTA的下游产品是涤纶，与棉花同为（　　）的原料。两者之间存在替代关系。两者间的价格关系会影响各自在纺织配料中的用量，从而影响对PTA的需求。

A. 锦纶　　　　B. 纺织品服装

C. 化工品　　　D. 燃料

2. PTA期货合约的最低交易保证金标准为期货合约价值的（　　）。

A. 5%　　　　B. 4%

C. 6%　　　　D. 8%

3. 由于2009年国内PX产能快速释放，改变了PX原有的供求形势，PX的霸主地位一去难回，自2009年下半年开始，PX因产能过剩供应

（　　），供大于求的矛盾加剧，价格再涨乏力，而且利润空间极度缩水，行业竞争非常激烈。正因如此避险需求也愈加强烈。

A. 紧张　　B. 平衡

C. 宽松　　D. 上述三种都可能出现

4. 目前，日本、韩国和中国台湾地区，是我国 PX 的主要来源地，每年来自这三个来源地的 PX 约占进口总量的（　　）以上。

A. 70%　　B. 30%

C. 50%　　D. 100%

三、判断题

1. 经国务院同意，2006 年 12 月 18 日，中国证监会批准在郑州商品交易所上市交易精对苯二甲酸（PTA）期货合约，我国是全球首个上市 PTA 期货的国家。（　　）

2. 因为一般上游 PX 企业多使用大型石化联合装置，因此不会单独生产 PX，而是芳烃类产品如苯、甲苯、二甲苯等同时产出。（　　）

3. 由于涤短的总量占所有聚酯类产品的比例一般只有三成左右，所以，如果纺纱用涤量的变化幅度不大时，对于聚酯总需求的变化影响不是很明显。（　　）

4. 生产日期超过 60 天的境内生产的 PTA 和自境外发运之日起超过 90 天的进口 PTA，仓库不得接收入库。（　　）

参考答案

一、填空题

1. 化工；白色粉状　　2. 衣　　3. 涤纶；90%

4. 化工；聚酯；纺织服装　　5. 合同结算价　　6. 苯芳烃

7. 混二甲苯（MX）对二甲苯；邻二甲苯及间二甲苯

8. PTA（精对苯二甲酸）；聚酯　　9. 22；2683

10. 亚洲
11. 扬子石化
12. 韩国、日本、中国台湾
13. 100；150；严重
14. 75%；20%；5%
15. POY；FDY
16. 饮料（碳酸饮料及饮用水）；80%
17. 直接纺；间接纺

二、选择题

1. B　　2. C　　3. C　　4. A

三、判断题

1. 对　　2. 对　　3. 对　　4. 错

第二章

影响PTA价格的因素

本章要点

本章是读者在对PTA的产业链有了一些了解后，进一步对影响PTA价格的因素进行系统全面的讲解，对于分析PTA行情发展方向会有一定的帮助。

一、供求关系及成本变化对产品价格有何影响?

对于PTA来讲，其市场价格一方面由其成本的高低来决定，另一方面也受供求关系的制约。两者一般会对PTA价格产生如下几种情况的影响：

1. 当成本相对稳定时，供求关系将成为决定价格的主导因素，供大于求时会使PTA价格下跌；供不应求时会使PTA价格上涨。

2. 当供求关系相对稳定时，成本上升时会使PTA价格上涨；成本下降会使 PTA 价格下跌。

3. 当成本和供求关系同时发生变化时：

(1) 当成本 PX 价格上升同时供需缺口，两者对价格都会产生向上的拉动；

(2) 当成本 PX 价格下降同时供需过剩，两者对价格都产生向下的压力；

(3) 当成本上升而自身又供过于求或成本下降又供不应求时，两者对价格会产生相反的作用，此时价格的变化方向要取决于合力的方向，而合力的方向又要由成本及供求关系两者各自对价格作用的大小来决定，当合力为零时价格表现会相当稳定。

如果产品供过于求，上游原材料价格上涨，则产品价格下跌的可能性较大。短期内产品价格仍然受成本支撑，宜谨慎看空。

如果产品供不应求，上游原材料价格下跌，则产品价格上涨的可能性较大，但在供不应求时 PTA 工厂存在增加负荷的可能性，供应量增加对价格会有下拉作用，宜谨慎看多。

上述几种市场结构中，第 3 种的 (1) 和 (2) 两种情况最容易理解，也较常发生，相关市场人士应重点关注。

二、PTA 产业供给方面的发展现状如何？

21 世纪初期我国加入 WTO，纺织业快速发展，进而带动聚酯产业的高速发展。2000—2006 年是我国 PTA 产业发展的初始阶段。国内 PTA 的产量远无法满足自身需要，缺口依靠进口弥补。以 2002 年为例，国内 PTA 产量 245.2 万吨，表观需求量 674.9 万吨（表观需求量 = 产量 + 进口量 - 出口量），其中进口量 429.7 万吨，进口依存度高达 63.6%。2006 年之前 PTA 的进口依存度总体保持在 50% 以上。

为了满足国内市场对 PTA 的消费需求，2005—2006 年开始大量建设 PTA 新项目，随着这些项目建成投产，国内 PTA 产能快速提升。2007 年，我国PTA生产迎来了第一次产量超过进口量的情况，自给率超过50%。尽管受到2008年金融危机的影响，PTA产量及净进口量出现下滑，但自此之后，伴随4万亿元投资计划，经济回暖，PTA产能增速保持增长，净进口量出现小幅下降，PTA市场整体维持供需平衡。2012年，国内PTA产能出现爆发式增长，增速高达57%，但PTA的产量增速只有13%，主因是部分装置直到2013年才产出合格品。于是2013年的产量增速高达34%。2015—2018年，经历了PTA阶段性去产能及聚酯大幅扩产，导致PTA市场从严重过剩进入紧平衡状态。随着国内产能急增，进口量逐年降低，2012年PTA的进口量为537万吨，2017年下降至54.3万吨。2016年，我国从PTA净进口国转变成净出口国。2020年重新回到PTA高产能投放周期，大炼化投产使产量稳步释放。2020年底，中国的PTA产能达到5763万吨/年，产量达到4975万吨。

PTA装置开停工较为灵活，可根据自身的盈亏情况主动调整开工负荷。同时，PTA工厂与下游聚酯工厂签合约货（长协），上下游产销关系相对稳定。因此，PTA工厂库存一般来说较少。PTA价值高，资金占用多，下游聚酯工厂一般也就保存10天左右的消费量。库存量较大的一般为贸易商及现货投机商。表2-1为近年中国PTA的生产情况。

表2-1　近年中国PTA的生产消费情况　（单位：万吨）

时间	PTA产能	PTA产量	进口量	出口量	表观消费量
2002年	330.00	245.20	429.70	0.00	674.90
2003年	438.00	394.80	454.60	0.00	849.00
2004年	483.50	442.90	572.06	0.00	1014.40
2005年	670.00	565.00	649.00	0.00	1214.00
2006年	945.00	670.00	700.43	0.00	1370.43
2007年	1166.00	981.00	698.80	0.00	1679.80
2008年	1256.00	935.00	594.06	0.89	1529.06
2009年	1496.00	1196.00	625.61	0.12	1821.49
2010年	1558.00	1431.00	657.00	0.43	2087.57
2011年	2021.00	1720.00	653.00	3.00	2370.00

续表

时间	PTA 产能	PTA 产量	进口量	出口量	表观消费量
2012 年	3271.00	2035.00	537.00	0.00	2572.00
2013 年	3331.00	2605.00	274.00	13.00	2866.00
2014 年	4348.00	2818.00	116.00	46.00	2888.00
2015 年	4683.00	3104.00	75.00	62.00	3117.00
2016 年	4880.00	3260.00	50.00	70.00	3240.00
2017 年	4880.00	3540.00	54.30	52.30	3542.00
2018 年	4578.00	4090.00	78.3	90	4050.00
2019 年	4863.00	4490.00	103.7	69.2	4524.00
2020 年	5763.00	4975.00	66	85	4956.00
2021 年	6563	5325	8	258	5075

数据来源：中国化纤信息网

三、PTA 自身运行负荷会对其价格产生哪些影响?

运行负荷即开工率，是指处于开启状态的装置产能占总产能的百分比。运行负荷的变化是导致供应量变化的最重要因素。运行负荷降低，产量减少，尽管不一定会使价格上涨，但会对价格产生向上的拉力或对下跌形成阻力；同样，运行负荷提高，供给增加，虽然价格不一定立刻下跌，但会对价格产生向下的压力或对上涨形成阻力。

对下游需求的预期会影响产品的运行负荷，但更多情况下，生产运行负荷受制于行业利润水平的高低。当预期下游需求较大或利润空间变大时，企业生产积极性会提高，负荷提升；当预期下游需求萎缩或利润空间小甚至亏损时，生产积极性会减弱，负荷下降。在一般生产过程中，原料从购入到产品产出会有一个生产周期。因生产周期的滞后性，行情在上涨过程中，产品出厂时利润空间会放大，工厂生产负荷往往会加大，但随着产品价格的进一步上升，下游承受能力逐渐减弱，而供应量的加大无疑会对价格继续上涨形成压制。相反，在行情下跌的过程中，生产利润水平下降或亏损，工厂会选择停工检修，生产负荷会下降，市场供应量逐渐减少，将会减缓产品价格下跌速度或起到止跌作用，降幅程度大时，可能会出现供不应求的情况，价格也可能出现反弹。

同样，PTA 生产运行负荷的变化也会直接导致供求关系的变化。正常情况下，PTA 生产装置每年需要检修一次，PTA 生产企业会选择淡季或市场行情不好的月份安排装置检修，以降低市场风险，从而弱化对市场供应造成的影响。

尽管运行负荷的变化对行情的影响较大，但并不能绝对左右产品价格的走势，它也是通过与成本变化的合力共同作用，决定价格走势。所以，PTA 自身运行负荷的变化也值得我们密切关注，其重要性不亚于成本的变化，也是绝对不容忽视的因素。

四、PTA 的下游需求方面前景如何？

（一）聚酯增长决定直接需求

PTA 主要用于生产聚酯产品。生产 1 吨聚酯产品需要 0.85～0.86 吨的 PTA。聚酯产业发展情况决定了 PTA 的消费需求。1995 年全球聚酯总产能约为 1900 万吨/年，当时中国的聚酯产能约为 190 万吨/年，仅占全球总产能的 10%。到 2005 年时，全球聚酯产能接近 5500 万吨/年，中国的聚酯产能则达到 2057 万吨/年，接近全球总产能的 40%，中国聚酯产能的年均增速是全球平均水平的 3 倍。2013 年，中国的聚酯产能为 4105 万吨/年，较 2005 年翻了一倍。之后国内聚酯产能继续保持高速增长。2020 年底国内聚酯产能达到 6199 万吨/年，同比增幅 6.3%，如表 2－2 及图 2－1 所示。

表 2-2　　2002—2021 年我国聚酯产能产量及负荷变化情况

时间	年度聚酯产能（万吨）	聚合体产量（万吨）	聚酯年度产能增速（%）	聚酯年度产量增速（%）	聚酯产能利用率（%）
2002 年	1067.6	780	—	—	79.50
2003 年	1264	981.4	18.40	25.82	77.60
2004 年	1650	1170	30.54	19.22	71.00
2005 年	2057	1390	24.67	18.80	67.60
2006 年	2121	1592	3.11	14.53	76.00
2007 年	2306	1895	8.72	19.03	84.00
2008 年	2492	1870	8.07	-1.32	77.00
2009 年	2648	2000	6.26	6.95	78.00
2010 年	2788	2340	5.29	17.00	86.10
2011 年	3200	2720	14.78	16.24	90.80
2012 年	3700	2980	15.63	9.56	86.40
2013 年	4105	3205	10.95	7.55	82.10
2014 年	4418	3268	7.62	1.97	76.69
2015 年	4515	3530	2.20	8.02	77.70
2016 年	4585	3680	1.55	4.25	80.88
2017 年	4800	4110	4.69	11.68	87.59
2018 年	5477	4575	14.10	11.31	89.03
2019 年	5832	5025	6.48	9.84	88.40
2020 年	6199	5278	6.29	5.03	87.74
2021 年*	6602	5861	6.5	11.05	88.78

注：当年产能数据均为年底产能，2021 年数据为当时的预测值

数据来源：中国化纤信息网

1995—2003 年，聚酯产量和表观消费量年均增长率分别达到 19.37% 和 18.09%。2003—2006 年聚酯表观消费量的年均增长率尽管呈下降趋势，但也高达 15% 以上。2008 年金融危机后，各国纷纷出台刺激经济政策，宽松的货币政策对化纤纺织行业的复苏起到了积极的促进作用，聚酯产品价格大幅回升，许多社会资金流入聚酯终端织造投资中。2010 年聚酯下游需求强劲，聚酯生产环节中出现产销两旺的态势，导致价格大涨，部分聚酯产品出现罕见的暴利，如聚酯薄膜利润最高甚至达到 2 万元/吨。而聚酯切片、瓶片和短纤等品种也走出了以往需求弱势的困境。2015—2020 年，国内聚酯

瓶片产能的年均增长率最高，这主要是得益于国内饮料需求的快速发展。2015 年国内聚酯工厂出现长达半年以上的亏损，聚酯产能增速放缓，部分落后产能出清。

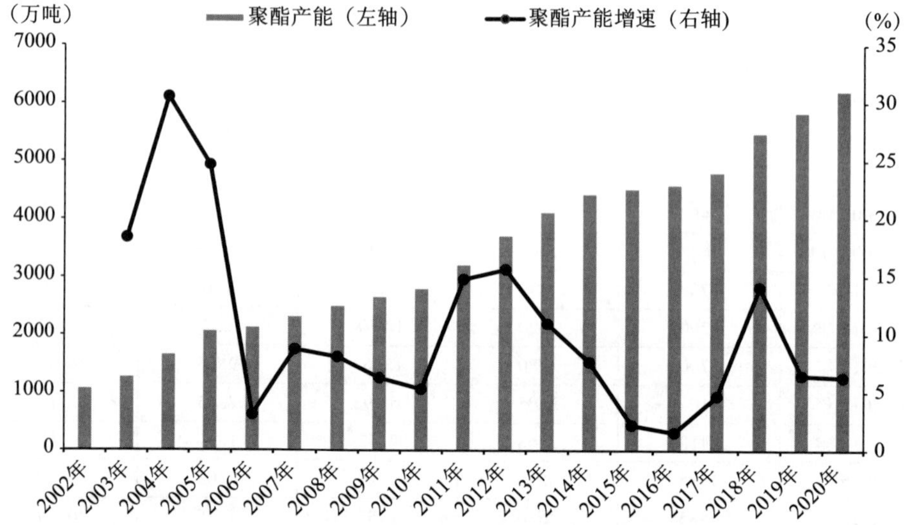

图 2－1　2002—2020 年我国聚酯产能及增长率变化情况

2018 年，国内聚酯产能进入新的发展期。大量新装置投产以及部分老旧装置恢复生产使聚酯产能跨越 5000 万吨大关。终端需求表现同样亮眼。前三季度，聚酯需求同比增速保持在 10% 以上。从价格走势来看，2018 年上半年，终端需求良好叠加，成本端小幅抬升，聚酯产品价格走势震荡上行；进入下半年，宏观环境动荡，中美贸易冲突升级，作为 PTA 成本端的原油价格大幅变动，聚酯市场波动明显加剧，价格波动较大。2020 年，聚酯市场陷入困境。受年初“黑天鹅”事件和全球新冠肺炎疫情影响，下游订单呈断崖式下跌，又因封城，春节后下游复工缓慢，上下游开工率大幅下滑，物流受限。整个 2 月，聚酯市场交投几乎停滞。3 月，虽然国内疫情逐步得到控制，开工率陆续提升，但海外疫情反复，国际原油价格下跌，WTI 油价在 4 月份甚至出现负值。在成本以及需求的双重压制下，聚酯产品价格不断下探，月内各产品平均跌幅达 1000～2000 元/吨，创历史新低。国庆节后，随着国内外防疫物资需求提振，原油价格企稳回升，PTA 市场迎来反弹，聚酯产品价格逐步上涨。但受海外二次疫情冲击，聚酯价格再次大幅下探，直到12月疫苗问世消息提振市场信心，聚酯产品价格再度迎来反弹。回顾全年，聚酯产能增速依然超过6%，行业产能跨入6000万吨时代，但由于疫情对终端需求的影响，全行业社会库存高企，价格刷新历史低点，行业负荷、效益均有不同程度下滑。

2021年聚酯产业依然处于投产高峰期，按照已公布的统计数据，2021年有超过500万吨的新产能计划投放（见表2－3）。新投放项目包含涤纶长丝、涤纶短纤、聚酯瓶片、切片和薄膜。从产能增速来看，2021年比2020上升6.5%。随着全球经济逐步复苏，终端需求回暖，2021年聚酯市场整体格局有所改善。

表2－3　　2021年投产的聚酯产能情况

装置	涉及产能（万吨/年）	预计投产时间	配套产品
福建逸锦	25	2020年年底或2021年	涤纶长丝
恒逸海宁	25	2021年第一季度	涤纶长丝
珠海华润	50	2021年第一季度	聚酯瓶片
新凤鸣中跃	30	2021年第一季度	涤纶长丝 POY
新凤鸣平湖	60	2021年6月1日	涤纶长丝 POY 和 FDY
盛虹宿迁	25	2021年6月	涤纶长丝
潍坊华宝	12	2021年上半年	长丝、切片
金寨新纶	3	2021年第二季度	中空＋低熔点
新凤鸣	60	2021年第三季度	涤纶短纤
宿迁逸达	30	2021年下半年	涤纶短纤
恒鸣化纤	60	2021年下半年	涤纶长丝
天龙新材料	20	2021年下半年	长丝6/切片无纺布12
荣盛盛元	50	2021年下半年	涤纶长丝
中泰＋正凯	50	2021年年底	长丝/短纤
宿迁逸达	25	2021年下半年	涤纶长丝
安徽皖维	3.5	2021年	差别化切片
江阴优彩	15		
合计	543.5		

（二）纺织增长决定终端需求

聚酯产品中涤纶对 PTA 的需求量占比较大。化纤产量占我国纺织工业纤维加工总量的近 85%，而化纤中涤纶占总量的 80% 左右，可见涤纶是纺织行业的主要原料。这就是说，纺织行业的景气程度、发展情况直接影响涤纶市场消费，进而对 PTA 的需求产生影响。

受新冠肺炎疫情影响，2020 年我国纺织企业工业增加值有所下降。2020 年我国规模以上纺织企业工业增加值同比下降 2.6%。其中，纺织业工业增加值同比增长 0.7%；纺织服装、服饰业工业增加值同比下降 9.0%。但受防疫物资需求旺盛的拉动，2020 年规模以上产业用纺织品企业工业增加值同比增长 54.1%，无纺布（用作生产口罩、消毒湿巾）产量同比增长 15.8%。根据中国纺织工业联合会的调查数据显示，2020 年一季度纺织行业景气指数受疫情影响降至临界点 50 以下，自二季度起景气指数回升到 50 以上，四季度为 61.3，为近年来的较好水平，如图 2－2 所示。

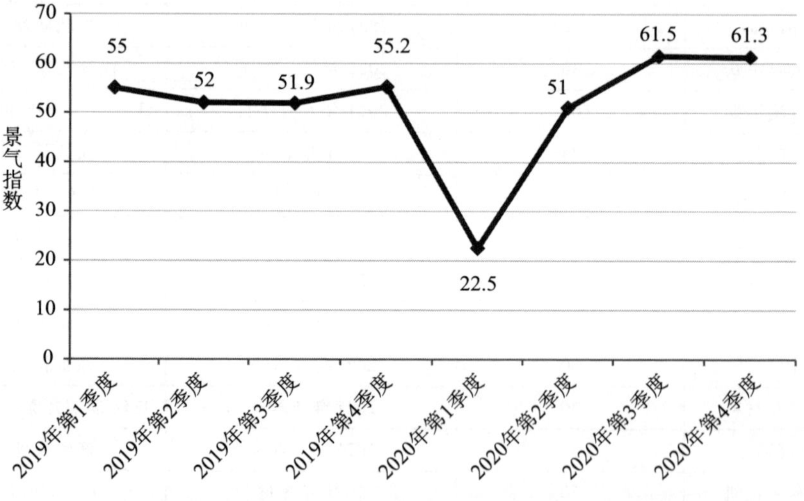

图 2－2　2019—2020 年各季度中国纺织行业景气指数

“十三五”期间，中国纺织服装对外贸易水平进入平稳发展阶段，贸易总额和出口、进口量全部实现增长，年均增幅分别为 2.5%、2.7% 和 0.3%。2020 年，纺织服装生产量和出口量在疫情下实现逆势增长。2021 年将开启“十四五”规划新征程，中国纺织服装业将继续深化调整，加快科技创新研发与品牌建设，推进产业升级；外贸出口在巩固原有市场的同时，积极开拓新兴市场，加强与东盟国家的产业合作；继续寻找投资价值洼地，充分利用现有多、双边自贸协定优惠措施提前布局；持续补短板，增利润，扩充软实力；在复杂严峻的国际经济形势下，构建以国内大循环为主体、国内国际双循环相互促进的新发展格局。

（三）下游需求基础好

我国人口众多，对纺织品服装的需求量较大，已成为当之无愧的纺织品消费大国。随着人们生活水平的提高，纺织品服装的需求仍将继续增长。我国加入 WTO 后，坚持转变经济发展方式，深入推进供给侧结构性改革，国民经济发展水平和质量稳步提升。2001—2020 年，我国不变价 GDP 年均增速达到 11.7%，2019 年人均 GDP 突破 1 万美元，2020 年 GDP 总量迈上百亿元台阶，城镇化率超过 60%。新型城镇化和农业农村现代化建设持续推进，城乡基础设施升级，居民居住条件改善，社会保障体系完善，生产生活服务业蓬勃发展，一系列成就为内需消费增长提供了有力支撑，纺织服装商品内需进入提速与提质并举的黄金周期，内需市场成为纺织行业发展的首要驱动力。特别是在 2008 年国际金融危机后，国际市场进入长期低迷状态，内需市场在稳增长、调结构方面扮演着绝对主力。2018 年，中美贸易摩擦升级，在国际贸易形势日益复杂的情况下，壮大国内市场大循环成为更重要的经济发展战略。

随着国民经济的发展，我国纤维需求领域突破传统穿衣盖被，向着家居家饰以及医疗卫生、土工建筑、交通运输等更加多元化的领域扩展。家用纺织品在 21 世纪初实现快速发展，占纤维加工量的比重从 2000 年的 19% 提高到 2007 年 33% 的历史高点，至今仍保持在 27%。产业用纺织品应用潜力稳步释放，占纤维加工量的比重从 2000 年的 13% 提高到 2019 年的 29%。2000 年，我国人均纤维消费量为 7.5 千克，尚未达到当时全世界人均 9.5 千克的水平。而 2019 年，我国人均纤维消费量达到 23 千克，是世界人均水平的 1.5 倍，纤维消费量和消费结构均达到中等发达国家水平。

（四）PTA 下游产品比重大

随着科技水平的提高，合成纤维的服用性、适用性与使用量也逐年提高。在纺织品原料构成中，化纤的比重逐年增加，已由 1999 年占我国纺织品纤维加工量的 54% 提高到目前的 70% 左右。2008 年我国化纤总产能 2712 万吨，总产量 2405 万吨，占世界总产量的 57%，成为名副其实的世界化纤生产大国。2014—2019 年，我国化学纤维产量逐年增长。2020 年，我国化纤产量为 6025 万吨，同比增长 3.4%，中国在世界化纤界的地位不断提升。

中国化学合成纤维下游织造主要集中于江苏浙江，占比超过 40%。化学合成纤维中又以聚酯纤维所占的比例最大，约占 80%（见图 2－3），发展速度也最快，根据长度可分为涤纶长丝和涤纶短纤。涤纶长丝应用较广，

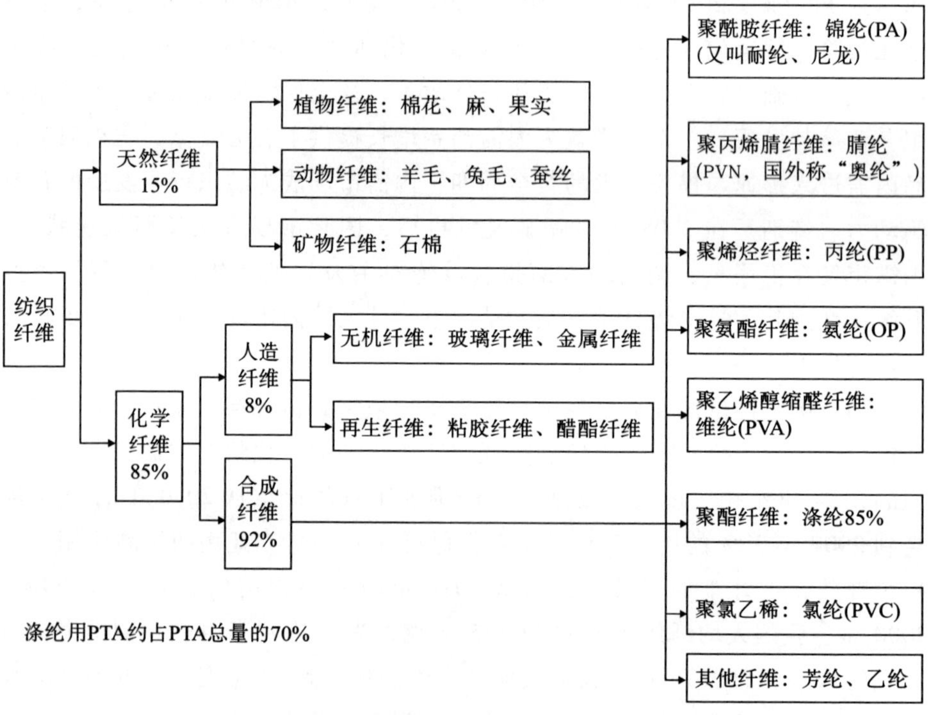

图 2－3　纺织纤维中各类产品占该类产量的大致比例

大约占聚酯纤维总产量的 80% 左右。涤纶纤维是国内合成纤维产量中增长最快的品种，1965 年我国涤纶纤维产量只有 100 吨，仅占中国合成纤维总产量的 1.92 %。1990 年产量突破 100 万吨，达到 104.2 万吨。2001 年产量快速增长至 632.6 万吨。1996—2002 年，中国涤纶纤维年平均递增 82 万吨，占世界年均增量的一半以上，成为推动世界聚酯纤维增长的主要国家。2020 年我国涤纶纤维产量约为 4923 万吨，同比增长 3.9%。

世界化纤产量的增长速度远高于天然纤维。亚洲在世界化纤生产中占据重要地位，而中国是亚洲最大的化纤生产国。随着中国化纤产业的持续发展，化纤及其制品在数量和质量上已能基本满足国内需求，目前正在加速打开国际市场，主要表现在进口量迅速下降，而出口量高速增长。尤其 2020 年因公共卫生事件引起的全球供需错配导致 2020 年化纤进口量为 75.9 万吨，同比减少 17.30%。除氨纶进口量同比增长 5.16% 外，其他主要产品的进口量均同比下降。2020 年化纤出口量为 466.06 万吨，同比下降 7.92%。其中，涤纶长丝、粘胶短纤、氨纶及腈纶的同比出口量实现正增长。

五、聚酯运行负荷的变化对 PTA 价格有哪些影响？

聚酯生产运行负荷变化是最能反映下游对于 PTA 需求变化的指标。对下游需求变化的预期会影响产品生产运行负荷，但更多情况下受制于利润水平的高低。原料与产品在价格上一般存在较强的正相关性，即原料和产品一般会同节奏涨跌。PTA 在行情上涨过程中，因生产周期的滞后性，聚酯产品出厂时价格已上涨，利润空间会放大，聚酯工厂生产负荷也往往会加大，对于 PTA 的需求就会增加，从而加大价格继续上涨的动力。相反，一般在 PTA 行情下跌的过程中，聚酯生产利润水平会下降，聚酯工厂往往会下调生产负荷，对原料 PTA 的需求会减少，供求关系将向供过于求的方向发展。

例如2006年6—9月，原油价格快速上涨，当时国内多套PTA新产能集中释放，PX的需求迅速增加，致使PX价格暴涨，成本突发性上涨带动PTA价格上涨，6—8月PTA现货从8000元/吨左右一路攀升至11300元/吨附近。虽然原料在上涨过程中会放大聚酯产品的利润空间，但由于此次PTA价格上涨过快，高成本未及时向下游传导，导致出现亏损，只能下调聚酯生产运行负荷。聚酯负荷下降后，对于PTA的需求减少，PTA续涨无力，价格迅速回落。9—10月PTA现货价格跌回起点8000元/吨。

再例如2018年9月中旬，PX价格1371美元/吨，较8月初上涨277美元/吨。人民币兑美元汇率从6.64上涨至6.92附近，人民币贬值幅度达4.22%，PX进口原料价格上涨。另外，由于2018年国内外PX新增产能较少，加之较多装置检修，上游PX价格大幅上涨。WTI油价年内均价为66.6美元/桶，同比上涨35.1%。与此同时，2018年第二季度是PTA装置集中检修期，而8月下游聚酯需求偏好使得PTA持续处于去库存阶段。成本端坚挺与供需端共振推动PTA价格大幅上涨。然而，到9月下旬，中美贸易摩擦升级，终端出口需求减少，前期PTA价格大涨未及时完全传导，下游聚酯企业面临亏损，部分聚酯瓶片、涤纶短纤和涤纶长丝企业减产，聚酯生产运行负荷下调。当聚酯负荷下降后，对于PTA的需求减少，PTA续涨无力，价格快速下跌，3个工作日跌近1500元/吨。

六、聚酯产品出口量对PTA价格有哪些影响?

总需求由内需与外需构成。内需是指我国国内市场的需求，外需则指实际销往海外的产品数量。随着我国聚酯产业规模不断发展壮大，聚酯系列产品（包括聚酯切片、聚酯长丝和聚酯短纤）的产量及质量均在明显提高。2020年聚酯新增产能513万吨，产能增速6.29%左右，全年累计产量5278万吨，累计同比增长5.03%，仍处于较高成长阶段。2021年预计产能投放558万吨，产能增速8.8%。聚酯产业的快速发展使得国内市场竞争越来越激烈，致使聚酯产品进口量快速萎缩。为扩大生存空间，聚酯企业不断开拓新的市场，向国外市场转移，出口量逐年增加，这促使 PTA 需求增加。通过加深对聚酯产品出口量的分析，有助于更好地把握 PTA 行情。

2020 年初，受新冠肺炎疫情影响，各国采取入境管制、上调关税并对中国船舶进行停靠限制。海运公司相继出台替代方案，取消部分亚洲航次，暂时停止运营或关闭某些业务。结合年初各海运公司的管制政策，1—2 月我国聚酯产品的出口量受到较大的影响，虽然 3 月份出口量大增，但因境外地区疫情的暴发，全球经济增速回落，需求减少，海运费大涨。在诸多因素影响下，聚酯产量保持同比减少的状态。随着疫情逐渐受控，经济缓慢复苏，聚酯产品需求逐渐恢复，出口量回到疫情前同期水平（见图 2 - 4）。

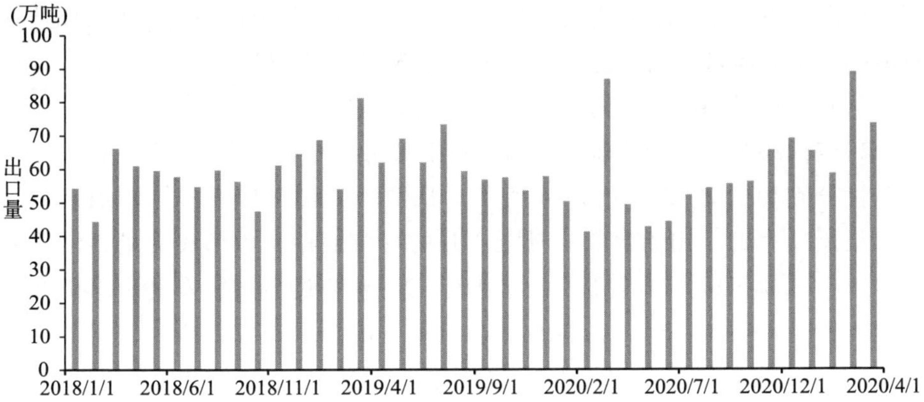

图 2 - 4　2018 年 1 月至 2021 年 4 月各月份聚酯产品出口量情况

一般情况下，聚酯产品的出口量增加，对 PTA 价格会产生助涨作用；聚酯产品出口量减少，对 PTA 价格会产生打压作用。但与其他因素相同，聚酯产品的出口量也不能单独决定 PTA 价格的走势，但聚酯产品的出口量的变化可以影响到聚酯生产的运行负荷，进而间接地影响到对于 PTA 的需求。所以投资者应密切关注聚酯产品的出口量变化。

七、终端需求变化可以通过什么渠道来反映?

谈到终端需求，不得不提到中国轻纺城。

中国轻纺城始建于1988年10月，前身为绍兴轻纺市场，1992年经国家工商行政管理局批准正式更名为“中国轻纺城”，是全国首家冠名“中国”的专业市场，主要经营面料、服装、轻纺原料等产品，是目前全国乃至亚洲规模最大、设施最齐全、成交额最高、经营品种最多的纺织品集散中心。中国轻纺城是反映国内纺织品需求变化的一个窗口，我们可以通过它来了解国内纺织终端需求的变化，并通过掌握这种变化规律来判断下游织造业对聚酯纤维的需求情况，进一步推断下游聚酯厂家对原料PTA需求量的变化，从而研判下游需求变化对PTA价格的影响。

2017—2021年，中国轻纺城面料日成交数量波动及江浙织机开工率季节性分别如图2-5、图2-6所示。从图中我们可以看出，纺织品的需求是呈周期性的，因为每年1月至2月的春节假期，市场成交量逐渐萎缩至休市，江浙织机开工率下降至接近停工。春节过后交易恢复，织机开工率逐步回升，一般每年4月至6月会出现一波春季销售高峰，织机开工率需提前一到两个月抬升以满足订单需求，因此开工率会早于销售旺季见顶。7月至8月上中旬，因为天气酷热人们着装少而薄，面料销售会出现淡季，因此织机开工率会提前下降。9月至12月，因季节的转换人们的服装由轻薄变得厚重，另外，由于西方传统的圣诞节需求，会使纺织品服装的出口增加，而国内春节期间人们的服装及纺织品需求也会明显增加，织机开工率会提前抬升，这就是所谓的纺织传统淡旺季。这其中还有“五一”“十一”等假日的冲击使销量也会出现阶段性的下滑，但这种销量的滑落也会在短期内回升。

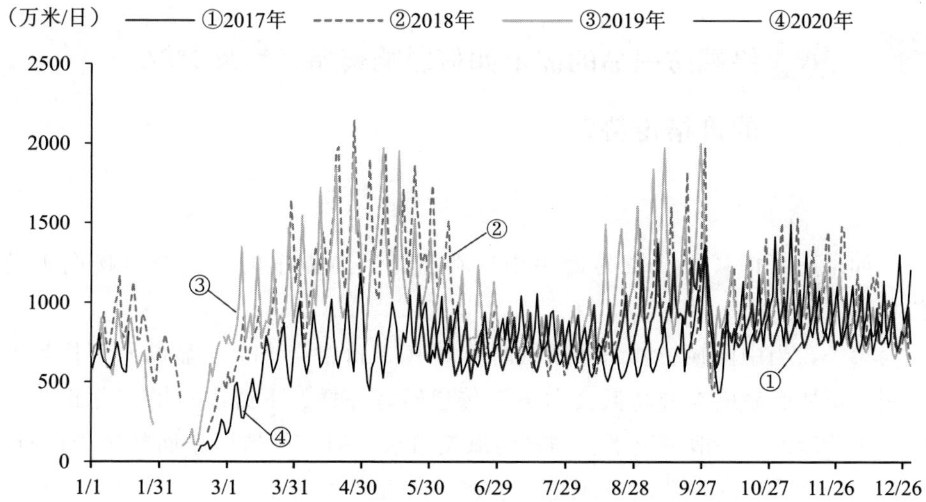

图 2-5 2017—2020 年中国轻纺城面料日成交量对比

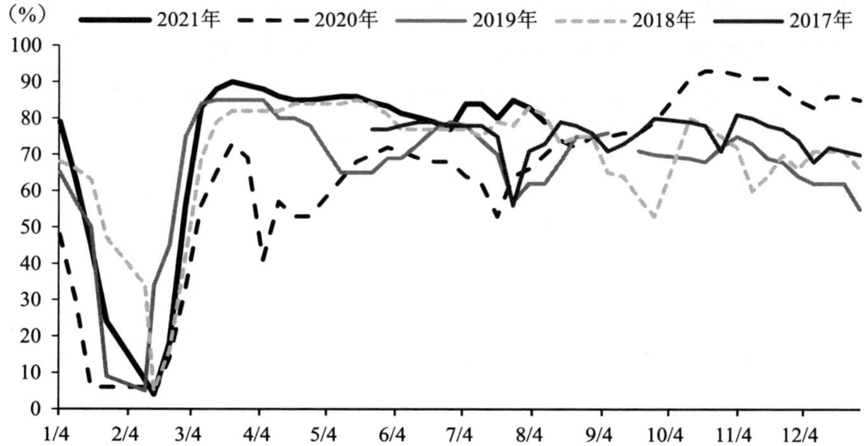

图 2-6 2017—2021 年江浙织机开工率季节性对比

八、终端纺织品的需求如何影响聚酯纤维及 PTA 的价格走势？

如果不考虑各环节贸易商手中库存量，下游需求的变化会直接向上游传导。

第一，当中国轻纺城销量极低时，对 PTA 价格会产生明显的向下拖累的作用。正如产品成本的高低会向下游传递转嫁一样，下游需求的变化也是会向上游传递的。一般情况下，当轻纺城销量极低时，织造厂家面料销售困难，库存积压严重，这种情况下织造企业减少产量的可能性就很大，织造业对聚酯纤维的需求自然会减少。这会引起聚酯厂家涤丝产销率下降，库存压力上升。如果这种情况持续，那么涤丝厂家为缓解库存压力及时回笼资金一般会降价促销，但市场一般有“买涨不买跌”的心态，行情越是下跌，产品销售越是困难，当库存压力不能有效缓解时，聚酯厂家就只能降低运行负荷减少产出。这样做的直接结果就是降低原料的需求，PTA 行情也就难逃厄运。

第二，当中国轻纺城销量较高时，会对 PTA 价格起到助涨的作用。当中国轻纺城销量上升至相对高位时，说明纺织品终端需求旺盛，之后的一段时间内涤丝的销售形势往往是较为乐观的，特别是各环节的贸易商此时会积极采购压库，贸易商的蓄水池作用得到充分发挥。涤丝的产销率明显上升，其行情上涨的可能性也会提高，这种情况下聚酯厂家一般运行负荷都较高，对原料 PTA 的需求也会上升，所以对 PTA 的价格也会产生较大的助涨作用。

一般情况下，当中国轻纺城成交量较高时，之后的一段时间内，如果影响 PTA 的其他因素向好，那么 PTA 就会产生上升行情；如果其他影响因素没有明显变化，那么 PTA 行情一般会表现出小幅度的上升。同样，当中国轻纺城销量较高时，只是对 PTA 行情有明显的助涨作用，但绝不是主导因素，研判 PTA 的行情还是要结合其他一些较为重要的影响因素，要重点研究合力的方向及大小，才能增加对 PTA 行情判断的准确性。

九、进口 PTA 的成本如何计算?

计算进口 PTA 的成本，要考虑关税、汇率、增值税等因素的影响，PTA 的进口关税为 6.5%，增值税 13%，计算公式应为如下形式：

PTA 成本价 = 外盘 PTA 价 ×1.065 ×1.13 × 汇率

由于进口时可以使用银行的 90 天信用证，而进口地多在中国台湾、韩国等，一般一周左右可到达我国境内，如转手中国境内市场卖出或工厂直接使用，则资金有 80 余天的占用时间，所以进口货价格比中国境内现货价格一般要高 100 元/吨 ~200 元/吨。

十、PTA 进出口量对行情有哪些影响?

进入 21 世纪后，我国聚酯产业稳步发展，国内 PTA 消费量快速增加，PTA 进口量攀升。2000—2006 年，国内 PTA 产量增长缓慢，不能满足聚酯行业对 PTA 的需求，PTA 进口量从 250 万吨快速上升至 700 万吨。2007—2011 年，一方面受经济危机影响 PTA 需求增速放缓，另一方面 PTA 产量开始快速增加，进口量保持稳定，年进口量基本维持在 600 万—700 万吨。2012 年开始，由于 PTA 产能的爆发式增长，国内 PTA 产量和企业竞争力都快速上升，PTA 进口量开始快速下降，2014 年 PTA 进口量为 116 万吨，2015 年仅为 75 万吨，不到 2011 年进口量的 1/8。与此同时，由于国内产能过剩逐渐显现，对外出口成为 PTA 生产企业的选择之一。2013—2015 年，PTA 出口量从 13 万吨上升至 62 万吨。2016 年，PTA 出口量为 69.4 万吨，进口量为 50 万吨，我国开始成为 PTA 净出口国。我国进口量的大幅下降对

PTA 全球生产和贸易形势产生深刻的影响。

我国曾是世界上最大的 PTA 进口国，但是国内 PTA 产能、产量的迅速提升改变了世界原有的 PTA 贸易格局。2013 年后，中国 PTA 进口量快速萎缩，大量新建产能替代原有的进口量，具体情况如图 2－7 所示。

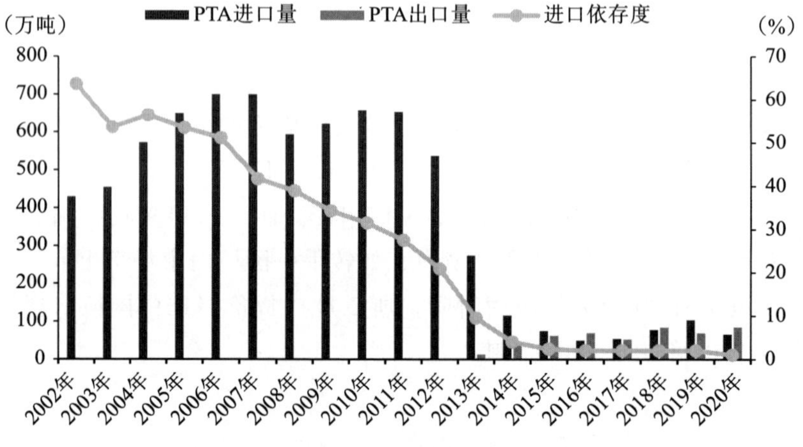

图 2－7　2002—2020 年我国 PTA 进出口情况走势

我国成为 PTA 净出口国家后，原来面向中国出口的约 600 万吨/年的韩国、泰国、我国台湾地区等传统出口国家和地区，除被迫关停部分老旧装置外，也在寻求我国以外的出口市场。我国 PTA 出口不但受到来自印度、中东等国家和地区新建工厂的影响，还与韩国、泰国等传统 PTA 出口国展开激烈竞争。目前虽然我国已将 PTA 相关产品出口至国外，但是由于在出口布局、贸易规则等方面准备不充分，PTA 生产企业的国际信誉度尚待提高，在出口市场上还不如韩国等企业有竞争优势。

十一、产业链上下游产品与 PTA 期货的相关性如何？

PTA 产业链较长，上下游产品与其相关性也较强，产业内的企业和业内人士对于 PTA 产品比较熟悉，对其分析和判断相对较为准确，也占有投机优势，特别是上下游企业及相关产品的贸易商等机构，参与 PTA 期货进行套期保值的效果相对理想。

有关相关系数的说明：

1. 相关系数是一个无量纲数值，取值一般在 ±1 之间。

2. 一般大于零为正相关，小于零为负相关。

3. 其绝对值越接近 1，其正相关性越强，越接近零相关性越低，等于零时，两变量之间无线性相关关系，即相关系数值为 1 时为完全正相关，为 -1 时为完全负相关。相关系数的绝对值小于等于 0.4 时为弱相关，绝对值在 0.4 ~ 0.8 为中等相关，绝对值大于 0.8 为强相关。

通过表 2 - 4 可以看出，在 PTA 上下游产业中，PTA 现货的价格与 PTA 期货价格之间的相关性最强，两者之间的相关系数高达 0.981。由此，我们可以得出这样的结论：PTA 的生产商和贸易商无论是利用 PTA 期货套期保值，还是期现套利，或利用自己对于基本面供求关系的把握进行投机套利都是非常适合的，而且胜算也相对较大。

表 2 - 4　　PTA 期货上市后各相关品种之间的相关性系数表

相关产品名称	WTI 现货	石脑油	MX	PX	PTA 内盘现货	主力合约结算价	半光聚酯切片	1.4D 直纺涤短	涤纶 DTY 150D	国产 EG
WTI 现货	1									
石脑油	0.9491	1								
MX	0.83324	0.9411	1							
PX	0.76277	0.87515	0.96041	1						
PTA 内盘现货	0.55525	0.71972	0.86004	0.9137	1					
主力合约结算价	0.5651	0.7344	0.8603	0.8907	0.9808	1				
半光聚酯切片	0.64804	0.79798	0.83036	0.82257	0.84589	0.8835	1			
1.4D 直纺涤短	0.62941	0.77356	0.80395	0.78703	0.80658	0.8533	0.98264	1		
涤纶 DTY 150D	0.6122	0.74576	0.78282	0.76359	0.81904	0.8645	0.97802	0.98708	1	
国产 EG	0.52855	0.63812	0.57437	0.50758	0.47476	0.56	0.84579	0.84853	0.82061	1

同时，PTA 期货与其最直接原料 PX 两者的相关系数高达 0.891，PX 与 PTA 现货之间的相关系数高达 0.914。也就是说，除了 PTA 现货之外，与 PTA 期货相关性最强的当属 PX。由于 PX 是生产 PTA 的最直接原料，PX 价格的高低变化直接影响 PTA 的成本高低。一直以来，PX 价格涨跌都是 PTA 价格变化的最主要影响因素，两者之间一直都存在着极强的相关关系。所以 PTA 期货对于上游 PX 的供应商和贸易商来说，都是极好的可利用工具，用其做套期保值也会收到意想不到的效果。

另外，PTA 下游的聚酯产品，如聚酯切片、涤纶长丝、短纤等产品与 PTA 期货之间的相关系数分别高达 0.8835、0.8645、0.8533，也都是强相关的关系。也就是说，聚酯企业大都可以利用 PTA 期货为自己企业的生产规避现货价格波动风险，其效果也较为理想。

十二、原油价格的波动对 PTA 有什么影响？

在 PTA 的产业链中，原油是 PTA 产品上游 PX 的源头（原油→石脑油→MX→PX→PTA），原油价格的涨跌直接影响下游产品的成本高低，而成本的高低又是影响产品价格的最主要的因素，所以原油价格的涨跌已经成为下游产品行情波动的风向标。此外，原油价格的涨跌会影响聚酯及下游市场的心态，大家都习惯以原油价格的涨跌来指导原料的采购，所以从某种角度来讲，原油行情的方向主导着整个产业链产品的行情。

第一种情况，原油价格与 PTA 价格之间总体存在正向相关关系。在 PTA 自身供需未出现主要矛盾的前提下，原油价格是决定 PTA 价格走势的主导力量，从历史的价格走势看，PTA 价格很多次大的上涨都是由原油价格大幅上涨引发的。原油价格的上涨必定对 PTA 行情产生较大的拉升作用，反之，原油价格的大幅跌落也会使下游产品市场情绪悲观导致价格跟跌。如图 2－8 所示，随着 2014 年下半年美国页岩油革命，原油价格从 115 美元/桶左右跌到 45 美元/桶左右，PTA 价格大幅下挫。

图 2-8　2010—2020 年原油与 PTA 现货价格走势对比

在产品价格影响因素中，供求关系也发挥着重要作用。当原油价格保持一定的趋势（如稳定于上升或下跌通道中或震荡区间等）无较大的变化时，影响 PTA 的其他因素的变化会成为价格变化的主导力量。如图 2-8 所示，2014 年上半年，原油处于高位盘整状态，PTA 价格得到成本端高价原油的支撑，然而由于 1—4 月 PTA 库存增加、下游产销疲弱等利空因素影响，PTA 需求减弱，总体价格以下跌为主，PTA 行业利润亏损。5 月，PTA 生产企业主动降低生产负荷，供应减少后价格上涨。如图 2-9 中椭圆部分所示，2007 年上半年原油价格持续上涨而 PTA 因新产能集中投放供过于求，加之新产品低价抢占市场，PTA 价格逆原油价格上涨而一路下滑。总之，当两者价格背道而驰时往往是 PTA 自身的供求关系发生了较大的变化。

总体上，两者之间是存在较强的正向相关性的，两者呈现不相关或反向相关的次数相对较少或时间一般不会太长。原油价格对 PTA 价格存在从成本到心态上的支撑，两者之间存在着较强的相关性，但原油价格并不能完全主导 PTA 的行情，当供求关系中的某一因素发生突变时，会由成本驱动型变为供求决定型。

原油价格对 PTA 价格的影响在所有影响因素中占到较为主要的地位，

但 PTA 自身供求关系变化对行情的影响也不容忽视，所以也应更多地关注供求关系，只有这样，我们对 PTA 行情研判的准确度才能有所提高。

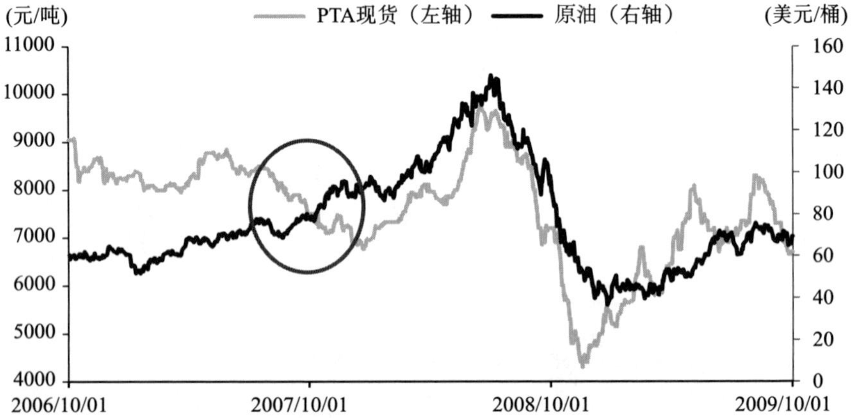

图 2-9　2006—2009 年原油与 PTA 现货价格走势对比

十三、原料 PX 价格对 PTA 价格有哪些影响？

PX 是生产 PTA 的最直接和最主要的原料，全球范围内 90% 以上的 PX 是用来生产 PTA 的，可见 PTA 和 PX 之间关系的密切程度。从 PTA 现货历史价格走势看，PX 的价格与 PTA 的价格关系更为密切，两者的相关性比原油更强。

从 PTA 及 PX 的历史价格演变中我们可以得到这样的结论：PTA 自身供求关系相对稳定时，原料 PX 价格的涨跌会直接导致 PTA 现货价格的涨跌，两者之间呈现出极强的相关性（如图 2-10 所示）。但当 PTA 自身供求关系发生较大变化并且这种变化对价格的作用与成本变化作用相反时，PTA 的价格往往会被供求关系所左右。

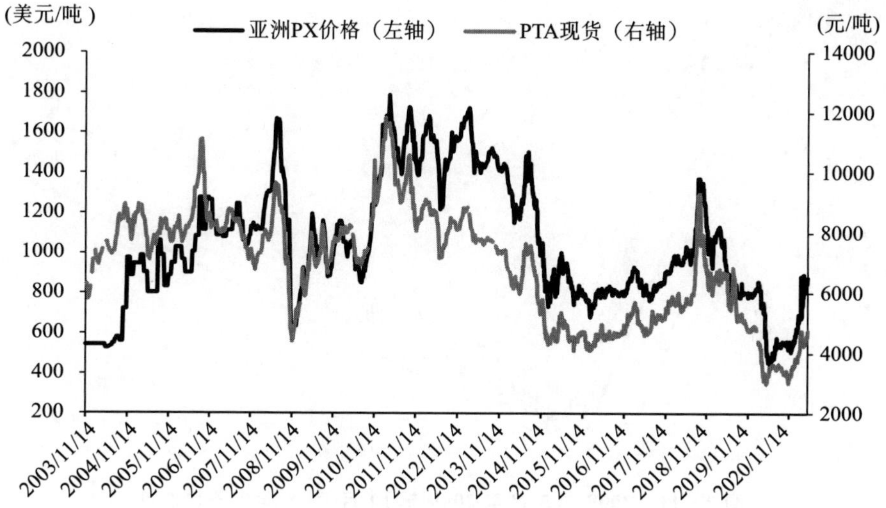

图 2－10　2003—2020 年亚洲 PX 价格与国内 PTA 现货价格走势

十四、举例说明 PX 对 PTA 有什么影响？

按照上述思路，我们以 2008 年 5 月中旬至 2009 年 10 月中旬 PTA 的行情走势为例（如图 2－11 所示）说明 PX 对 PTA 的影响。

2008 年 7 月以后，百年不遇的全球性金融海啸致使全球经济形势发生大逆转，大宗商品价格在原油价格疯狂下跌的带动下，均出现单边暴跌走势，不断刷新价格新低。其中，原油价格从 147 美元/桶一路下滑至 40 美元/桶之下，下游化工产品价格也随之大幅下跌。而另一方面，由于大宗商品价格的暴跌，市场心态变得极度恐慌，上游到下游买家均收手观望，需求瞬间萎缩。在这种极度异常的情况下，PTA 在成本快速下降和需求明显下滑的共同作用下，价格暴跌而下，至 11 月中旬 PTA 期现价格均跌至 4300 元/吨左右的最低点。

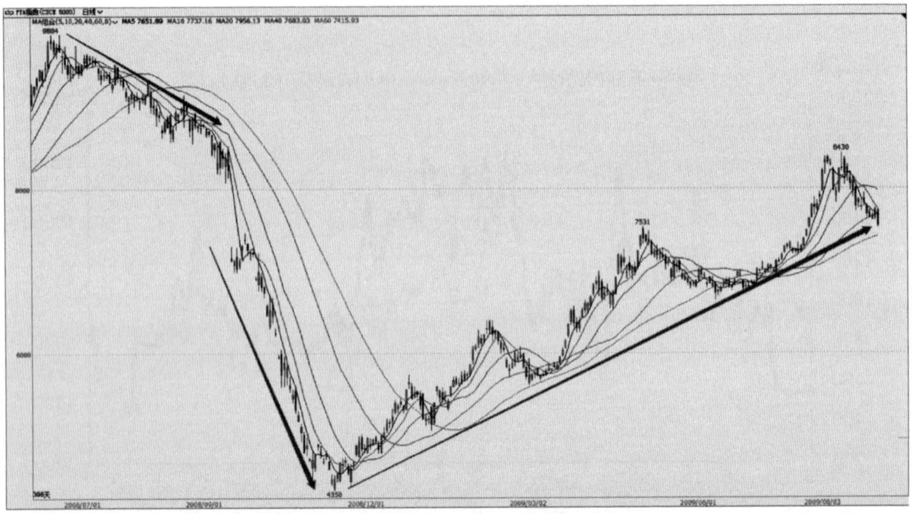

图 2－11　2008 年 5 月至 2009 年 10 月 PTA 期货价格波动

2008 年下半年金融危机发生后，PX、PTA 生产装置大面积减产，PTA 现货供应明显减少。各国政府相继推出积极救市措施，特别是国内一系列刺激、振兴纺织行业的政策陆续出台后，市场信心开始恢复，加之春节期间国内纺织品服装的刚性需求的支撑，聚酯销售形势出现回暖迹象。国内 PTA 现货特别是上游 PX 供应开始趋紧并且越来越紧张，随后 PX 价格率先反弹，PTA 的成本开始上升，同时 PX 产品的紧缺使 PTA 的生产无力放量，在需求回暖后 PTA 的供求关系开始紧张，PTA 价格出乎大多数市场人士的意料，开始止跌反弹。尽管当时国际油价仍然行进在下跌通道之中，但 PX 行情持续上涨，PTA 成本逐步提高，国内纺织品内需受到国际金融危机的影响不大，需求行情仍然相对理想，使得聚酯运行负荷一直保持在 70% ~80% 的理想水平，PTA 在下游需求顺畅、供求相对紧张、成本一路提升的共同作用下，价格再度出现一轮强势大涨的反转走势。

再列举一个“供过于求、成本上升”市场结构的例子。2007 年下半年 PTA 产能集中释放，而聚酯产能并没有同步跟上，终端需求也没有明显的变化，整个 PTA 市场处于供过于求的状态。以原油为首的上游产品价格持续上升，但并未阻挡 PTA 价格下行之势，只在一定程度上延缓了下降的速度，PTA 价格持续缓慢下跌。在半年多的时间内，PTA 价格从 5 月底的 8800 元/吨下跌到 12 月下旬最低的 6750 元/吨附近，跌幅达 30%（如图 2－12 所示）。

图 2－12　2005 年 1 月至 2009 年 10 月原油和亚洲 PX 现货价格走势

举例说明 PX 对 PTA 的影响。2020 年 11 月至 2021 年 2 月底，PTA 在 PX 的引领下价格重心不断上移，从 2020 年 11 月的 3180 元/吨左右大幅上涨至 2021 年 2 月底的 4750 元/吨附近（如图 2－13 所示）。

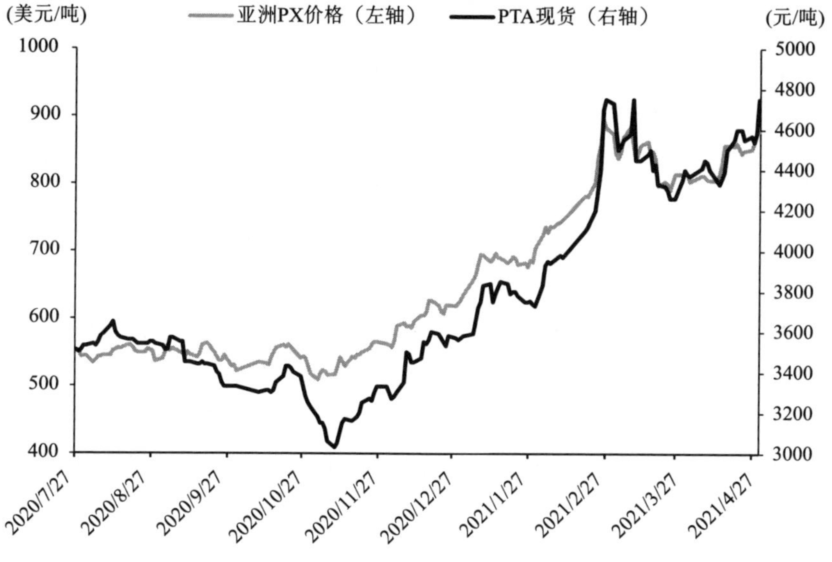

图 2－13　2020 年 7 月至 2021 年 4 月亚洲 PX 和 PTA 现货价格走势

具体分析此次价格上涨，首先是因为PX本身供应偏紧。2020年因为国内PX产能增速远超PTA及上游产品石脑油，造成PX供需矛盾加大，全年累库。受此影响，PX的加工利润被不断蚕食，加之国内外厂商不断检修生产设备，装置以外故障频发，一直到2020年11月PX才进入去库阶段。2021年1月，国内多套生产装置有降负动作。中金宁波160万吨PX装置重启失败，检修时间延长至2月底；丽东100万吨PX装置检修计划提前；浙石化二期450万吨装置延期投产，PX供应较预期有明显收缩。从原油方面来看，沙特阿拉伯2—3月额外减产100万桶/日，加速全球原油市场供需再平衡的目标，加之极端寒潮天气导致美国页岩油产量下降。另外，美联储也继续维持宽松的货币政策，令美元继续贬值低位运行，为国际油价提供持续性利好支持。石脑油和PX加工差都得到了良好的修复。尤其PX－石脑油加工差不断修复，至2021年2月24日PX－石脑油已达到269美元/吨，较春节前上涨38.66%。原油价格暴涨、商品市场情绪转暖以及PX加工费的回升导致成本端大幅上移，PTA期现价格得到快速拉升。

在前面PTA的行情变化的供求关系与成本趋势的分析中，不难看出供求关系与上游成本作用的重要性，而其他方面的诸多影响因素都是通过这两方面而起作用的。

十五、PTA的成本价格是如何形成的？

PTA的生产过程可分为氧化单元和加氢精制单元两部分。PX以醋酸为溶剂，在催化剂作用下经空气氧化生成粗对苯二甲酸，再依次经结晶、过滤、干燥为粗品；粗对苯二甲酸经加氢脱除杂质，再经结晶、离心分离、干燥为PTA成品。每生产1吨PTA平均消耗0.655吨左右PX。在现货市场中，PTA的成本价参考公式：

国内工厂PTA成本价（元/吨）＝PX价格×0.655＋550。

其中，0.655×PX价格为原料成本，550元/吨为行业平均加工费（大炼化装置加工费更低）。

国外工厂 PTA 成本价（美元/吨）= PX 价 ×0.655 +（150 - 170）

十六、进口 PX 生产 PTA 的成本如何计算？

如使用进口 PX，就要考虑 PX 的进口成本，如关税、汇率、增值税等，PX 进口关税为 2%、增值税 13%，那么计算公式应为如下形式：

PTA 成本价（元/吨）= PX 价 ×0.655 ×1.02 ×1.13 × 汇率 +550

十七、PX 的供应情况如何？

自 2006—2007 年国内 PTA 新建项目集中投产以来，PX 需求大幅增长，PX 盈利显现，掀起了一股投资热潮。新的 PX 产能于 2009 年集中释放。2010 年底国内 PX 总产能达 826 万吨，较 2008 年底相比产能增长率高达 85.2%。

2009 年下半年国内 PX 的供应形势发生了彻底的改变，PX 的盈利时代也宣告结束。由于市场忧虑供应过剩，PX 价格在原油价格持续震荡攀升的大背景下，于 5 月初出现了第一轮的下跌，于 8 月中旬出现了第二轮更大级别的与原油等上游产品背离式的下跌，特别是进入 9 月和 10 月，PX 陷入有史以来亏损的境地。之后的一段时间，PX 的价格因供过于求而难现大涨的局面，如果不考虑原油等上游产品价格的波动，那么 PTA 因 PX 的上涨带动升高的情形也很少再出现了。

2010—2015 年受制于项目投资、原料保障、污染处理、民间阻力等诸项因素制约，PX 项目进入门槛较高，整体处于缓慢增长期。自 2015 年宁波中金新增产能投放后，3 年时间内中国没有投放任何一套新增产能设备，行业增长进入了停滞期。直到 2019 年以恒力石化投放为代表，PX 产能才开启了加速增长阶段，随后弘润石化、海南二期、浙江石化等新增产能陆续投放。2019 年底，PX 产能为 2053 万吨/年，而 2020 年新增浙江石化 400 万吨/年、富海集团 100 万吨/年新装置，将 PX 企业总产能推升至 2553 万吨/年。国内 PX 产能进入扩张期，将对 2021 年 PX 供应继续施压。截至 2021 年 5 月底，我国 PX 生产企业共有 22 家，总产能共计 2683 万吨（如表 2-5 所示）。

表 2-5　全球 PX 新增产能情况

时间	企业名称	地区	产能（万吨/年）	投产时间
2019 年	恒力石化	大连	450	2019 年 3 月和 5 月投产
	中石油彭州石化	大连	10	2019 年 5 月扩能
	辽阳石化	大连	20	2019 年 7 月扩能
	中化弘润	山东东营	60	2019 年 8 月投产
	海南炼化二期	海南	100	2019 年 9 月底试车
	浙江石化 1 期 1#	浙江舟山	200	2019 年 12 月开始投产
	小计	中国	840	
	恒逸实业（文莱）	文莱	150	2019 年 11 月初
	小计	国外	150	
	总计	全球	990	
2020 年	浙江石化 1 期 2#	浙江舟山	200	2020 年 1 月底已投产
	山东威联化学（富海集团）一期	山东	100	2020 年 8 月投产
	中化泉州一期	福建泉州	80	2020 年 9 月投产
	小计	中国	380	
	Jazan 炼厂	沙特	85	2020 年投产
	小计	国外	85	
	总计	全球	465	

续表

时间	企业名称	地区	产能(万吨/年)	投产时间
2021 年及以后	盛虹炼化	连云港	280	2021 年年底投产
	中金石化二期	福建泉州	160	2021 年投产
	浙江石化二期	浙江舟山	400	2021 年年底投产
	恒逸石化二期	文莱	200	2021 年年底投产
	大榭石化/利万	浙江宁波	160	2021 年 12 月建成
	中委广东石化	广东揭阳	200	2021 年 12 月建成
	山东威联化学（富海集团）一期	山东	100	2021 年投产
	小计	中国	1500	4383
	印度石油公司		80	
	小计	国外	80	
	总计	全球	1580	

2020 年国内 PX 开工率维持高位，全年开工率在 67% ~86% 波动。海外 PX 装置开工率下滑明显，平均开工率在 73% ~80% 波动，明显低于 2019 年 75% ~85% 的运行区间。近两年国内新增的 PX 装置多为民营炼化一体化装置，具有成本优势，其余装置多属国有企业。

目前 PX 仍需依靠进口予以补充，2020 年，随着国内产量的大幅攀升，我国 PX 自给能力不断提高，PX 进口量开始出现明显的下滑，PX 进口依存度进一步下降。2021 年，随着新冠肺炎疫苗的问世推广，全球经济缓慢复苏，加之“OPEC + 减产”托底，国际油价中枢进一步上移。在原油价格回升的背景下，PX 价格迎来修复性反弹（如表 2 – 6、图 2 – 14 所示）。

表 2 – 6　　2016—2020 年国内 PX 生产消费情况

年份	2016	2017	2018	2019	2020
PX 产能（万吨）	1383	1383	1393	2053	2553
PX 产量（万吨）	994	1005	1102	1452	2034
PX 进口量（万吨）	1236	1444	1590	1497	1417
PX 表观消费量（万吨）	2166	2378	2711	2994	3288
进口依存度（%）	55	59	59	51	41

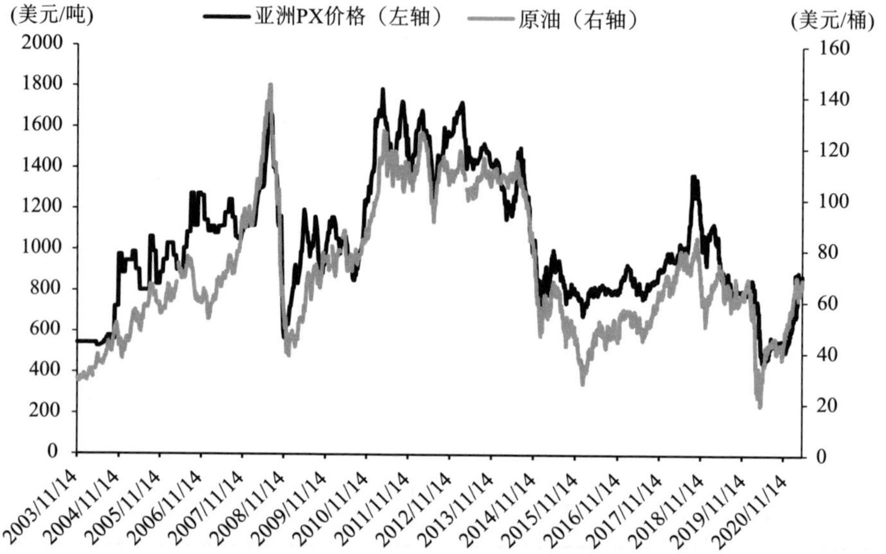

图 2-14　2003—2020 年亚洲 PX 价格与原油价格走势

十八、棉花市场价格走势对 PTA 的价格能产生什么影响？

PTA 的下游产品是涤纶，与棉花同为纺织品的原料，二者之间存在替代关系。二者价格关系会影响各自在纺织配料中的用量，从而影响对 PTA 的需求。

棉花与涤纶产品的替代关系主要表现在涤纶短纤上。因为涤纶短纤系列产品以棉型产品为主，棉型产品占涤短总量的比例大约在 80% 以上。棉型涤短的长度和粗细程度及卷曲度等都是根据棉花的外形而加工的，涤纶纤维的强度比棉花高近 1 倍，比羊毛高 3 倍，因此涤纶织物结实耐用，耐热性也较佳，弹性接近羊毛，耐皱性超过其他纤维，保形性好，耐磨性仅次于锦纶，吸水回潮率低，绝缘性能好。涤纶短纤作为衣用纤维，其织物在洗后可达到不皱、免烫的效果。从历史情况看，涤短用于纺纱的比例一般在

40%~65%，这一比例并不是固定不变的，它会因其与棉花的价格差的变化而变化。

棉花市场的走势和涤纶短纤的市场行情是息息相关的（相关度达 70%偏上），绝大部分的涤纶短纤都是用于替代棉花，在代替作用的影响下，棉花和涤短的价格相关系数颇高，因此，与棉花之间的价差是影响涤纶短纤市场行情的重要因素之一，业内普遍认为涤纶短纤和棉花之间正常的价差应该是 3000 元/吨左右，或者说涤纶短纤的价格相比棉花低 20%左右。当价差脱离正常区间时，纺企便在订单许可的范围里自由分配用棉花和用涤短的比例。如果价差放大，涤短的价格优势会更加突出，涤短用量可能会增加；棉涤价差缩小时，涤短价格优势会下降，涤短用量会缩小。涤短用量的变化，当然会影响到聚酯总量的变化，进而影响到对原料 PTA 的需求（见图 2－15）。

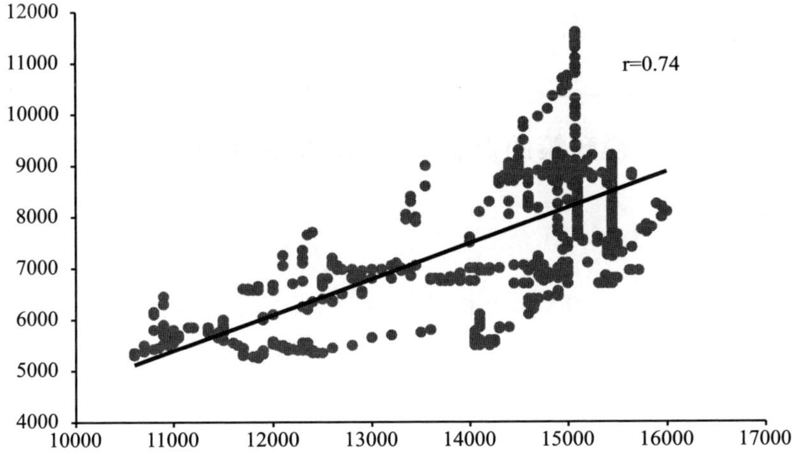

图 2－15　2015—2020 年国内棉花与 1.4D 直纺涤短相关性

十九、人民币汇率变化对 PTA 价格有什么影响？

人民币升值对 PTA 的价格将产生利空影响。我国是全球最大的纺织品生产国和出口国，人民币升值将会加大成本，降低纺织品的出口竞争力，而纺织品市场形势反过来也将影响化纤产业及上游 PTA 行业的发展，进而对 PTA 需求产生影响。

另外，人民币升值意味着按美金计价的进口 PX 价格更加具有吸引力，进口成本下降可能会增加需求量。国内工厂如果使用进口 PX，PTA 成本价的公式如下：

PTA 成本价 = PX 价 ×0.655 ×（1 + 关税）×（1 + 增值税）× 汇率 + 加工费

如果人民币升值，比如 1 美元原来兑换 6.8 元，现在只能兑换 6.2 元，PTA 的成本价将会降低，对 PTA 的价格有一定利空。反过来说，人民币贬值的话，对 PTA 价格就会是利好。投资者应密切关注人民币汇率的变化对于行业的各种影响。

二十、关税政策的调整对 PTA 价格有什么影响？

加入 WTO 以前，PTA 有严格的进口壁垒。一是配额，二是高关税。加入 WTO 后，聚酯产品包括 PTA 的进口配额全部取消。PTA 的进口关税逐年降低，2002 年中国 PTA 的关税为 12.8%，按照关税减让日程，自 2003 年 1 月 1 日起降为 11.8%。2005 年聚酯链产品——对二甲苯（PX）、精对苯二甲酸（PTA）和聚对苯二甲酸酯（PET）的进口关税下调了 0.5% ~1%。PTA 的进口税在 2004 年税率的基础上削减了 0.5%，降到 6.5%，PET 和 PX 的进口税率削减了 1%，分别降到 9.7% 和 2%。

2020 年 11 月 15 日，东盟 10 国、中国、日本、韩国、澳大利亚、新西兰这 15 个国家正式签署《区域全面经济伙伴关系协定》（RCEP）。在 RCEP 协议中，各成员之间关税减免，以立即降至零关税、10 年内降至零关税为主。当前中国—东盟自贸区零关税已覆盖双方 90% 以上的税目产品，RCEP 正式签署后，该比例将达到 95%。

我国 PX 在 RCEP 国家进口量占比为 14.31%。

PTA 成本价 = PX 价 ×0.655 ×（1 + 关税）×（1 + 增值税）× 汇率 + 加工费

假设 PX 越南进口价为 530 美元/吨不变，汇率取 6.8，2021 年 PX 自越南进口的关税从 1% 下降到 0.9% 之后，PTA 的到岸完税价格较前一年将减少 530 ×［（1 +1%）-（1 +0.9%）］×（1 +13%）×6.8 =4 元/吨，即 PTA 的生产成本降低 4 元/吨。而对于进口 PTA 本身，经历国内 PTA 产业高速发展，我国 PTA 进口依存度已非常低，转而已成为净出口国，RCEP 的影响几乎可以忽略不计。

自测题

一、填空题

1. 对于 PTA 来讲，其市场价格一方面由其成本的________来决定，另一方面也受着________的制约。

2. 原油价格的涨跌直接影响聚酯及下游市场的心态，大家都习惯以原油价格的________来指导原料的采购，所以在 PTA 自身供求因素稳定时，原油的行情的方向将________整个产业链产品的行情。

3. 在 PTA 自身供求关系相对稳定或没有太大变化的时候，原料 PX 价格的__________会直接导致 PTA 现货价格的__________，两者之间呈________的相关性。

4. 一般情况下，聚酯产品的出口量________时，对于 PTA 行情会产生明显的________作用；聚酯产品出口量________时，对于 PTA 行情会产生________作用。

5. 当中国轻纺城销量__________时，对 PTA 价格会产生明显的向下________的作用，当中国轻纺城销量________时，对 PTA 行情________的作用明显。

二、选择题

1. 一般在PTA行情下跌的过程中，生产利润水平会下降或有亏损情况出现，聚酯工厂生产负荷也往往会下调，自然对原料PTA的需求会逐渐（　　），供求关系将向供过于求的方向发展，会加速行情的下跌。

A. 增加　　B. 减少

C. 不变　　D. 不确定

2. 当预期下游需求会放大或利润空间大时，生产积极性会较高，一般负荷会加大；当预期下游需求将萎缩或利润空间小或亏损时，生产积极性会减弱，生产运行负荷会（　　）。

A. 下降　　B. 上升

C. 不变　　D. 不确定

3. 运行负荷降低产量减少，供求关系将朝着紧张的方向发展，尽管不一定会使价格上扬，但至少会对价格产生向上的拉力或对下跌形成阻力；同样，运行负荷提高，供求关系将朝着有供给增加的方向发展，不一定会使价格下跌，但肯定会对价格产生（　　）。

A. 向上的拉力　　B. 不变

C. 向下的压力　　D. 向下的压力或对上涨形成阻力

4. 一般下游聚酯企业效益可观运行负荷高时，PTA进口量会增加，一般外盘价格不高在聚酯厂家可接受的范围内进口量可能会增加，一般传统旺季或国内节假日来临之前进口量可能会增加，反之进口量可能会（　　）。

A. 上升　　B. 下降

C. 不变　　D. 不确定

三、判断题

1. 一般生产过程从原料购入到产品产出会有一个生产周期。行情在上涨过程中，因生产周期的滞后性，产品出厂时利润空间会放大，利润水平一般都会较为理想，工厂生产负荷也往往会加大，但随着产品价格的进一步上升，下游承受能力逐渐减弱，而供应量的加大无疑会对行情产生不利影响，势必会加大价格继续上涨的阻力。（　　）

2. 一般在行情下跌的过程中，生产利润水平会下降或有亏损情况出现，工厂生产负荷也往往会下降，市场供应量逐渐增加，对于产品行情此时会减缓下跌速度或起到止跌作用，降负程度大时，供不应求的情况可能会出现，行情也可能因此而反弹。（　）

3. 进口量对行情的影响也不是绝对的，PTA 的进口量仅在短期内反向影响内盘 PTA 的需求。PTA 市场行情的发展方向取决于多方面因素的共同作用，进口量的变化仅是众多影响因素中的一个分力而已，合力的方向才是 PTA 行情的发展方向。（　）

4. 由于 PX 是 PTA 的最直接原料，PX 价格的高低变化直接影响 PTA 的成本高低，一直以来，PX 价格涨跌都是 PTA 价格变化的最主要影响因素，两者之间一直都保持着不强的相关关系。（　）

参考答案

一、填空题

1. 高低；供求关系　　2. 涨跌；主导

3. 涨跌；涨跌；极强　　4. 增加；助涨；减少；打压

5. 极低；打压；较高；助涨

二、选择题

1. B　2. A　3. D　4. B

三、判断题

1. 对　2. 错　3. 对　4. 错

第三章

PTA 期货基础知识

本章要点

本章主要对 PTA 期货进行了介绍，包括 PTA 期货合约的内容、仓单和交割细则等，回顾了上市以来的行情走势，帮助投资者熟悉 PTA 期货的基本知识，为参与 PTA 期货打下良好的基础，做好充分的准备。

一、PTA 期货合约的内容是什么?

2006 年 12 月 18 日，经国务院同意，由中国证监会批准在郑州商品交易所上市交易精对苯二甲酸（以下简称“PTA”）期货合约，我国是全球首个上市 PTA 期货的国家（见表 3－1）。

表 3－1　　郑州商品交易所精对苯二甲酸期货合约

交易品种	精对苯二甲酸（PTA）
交易单位	5 吨/手
报价单位	元（人民币）/吨
最小变动价位	2 元/吨
每日价格波动限制	上一交易日结算价 ±4%《郑州商品交易所期货交易风险控制管理办法》相关规定
最低交易保证金	合约价值的 5%
合约交割月份	1—12 月
交易时间	每周一至周五（北京时间 法定节假日除外） 上午 9：00—11：30、下午 1：30—3：00 及交易所规定的其他交易时间
最后交易日	合约交割月份的第 10 个交易日
最后交割日	合约交割月份的第 13 个交易日
交割品级	见《郑州商品交易所期货交割细则》
交割地点	交易所指定交割仓库
交割方式	实物交割
交易代码	TA
上市交易所	郑州商品交易所

二、PTA 期货仓单是什么？

PTA 期货仓单是指仓库或厂库按照交易所规定的程序提交仓单注册申请后，经交易所注册，可用于证明货主拥有实物或者可予提货的财产凭证。

根据申请注册的主体不同，PTA 期货仓单分为仓库仓单和厂库仓单两种。仓库仓单的生成包括交割预报、入库验收、质量检验、仓库申请注册及交易所办理注册等环节。厂库仓单的生成包括厂库申请注册及交易所办理注册等环节见图 3－1。

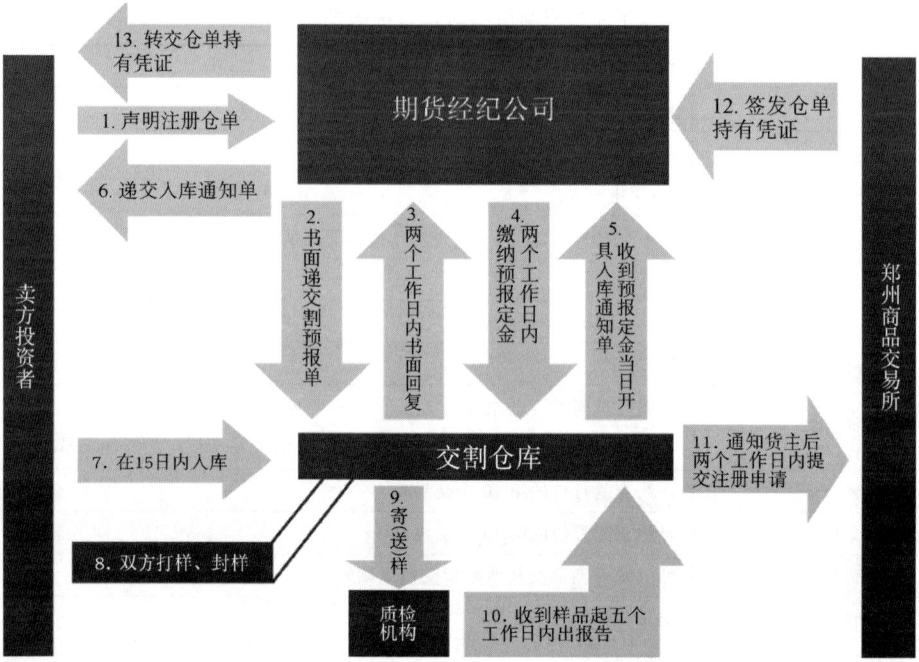

图 3-1 PTA 仓单注册流程

每年 9 月第 15 个交易日（含该日）之前注册的 PTA 标准仓单，在该月第 15 个交易日（含该日）之前全部注销；该月第 16 个交易日（含该日）之后开始受理新仓单的注册申请，也就是说每年 9 月 PTA 仓单集中注销。

三、郑州商品交易所对 PTA 交割品有哪些要求？

1. 交割单位：5 吨。

2. PTA 交割质量标准适用《工业用精对苯二甲酸》（GB/T32685-2016）。

基准交割品：符合 GB/T32685-2016 质量标准的优等品 PTA。

基准交割品必须是经交易所认定的 PTA 生产厂家生产的商品。具体生产厂家由交易所公告。

3. 出现破包、潮包、结块、严重污染等情况的，不得入库。

四、PTA 期货交割基准价与升贴水有什么规定?

PTA 期货合约的交割基准价为该期货合约的基准交割品在基准交割仓库出库时的汽车板交货的含税价格。PTA 交割品没有升贴水的规定。

五、PTA 交割流程是如何规定的?

PTA 期货实物交割在交割月的连续三个交易日完成，分别称为第一交割日、第二交割日、第三交割日，适用的流程包括滚动交割和集中交割。

（一）滚动交割流程

1. 第一交割日（也称配对日）。自进入交割月第一个交易日起至最后交易日（PTA 规定是第 10 个交易日）的前一交易日，持有交割月合约且持有标准仓单的卖方会员均可在每个交易日下午 2 时 30 分之前的交易时间内，通过会员服务系统提出交割申请。买方会员在会员服务系统响应卖方会员的交割申请，未得到买方会员响应的，卖方会员可于申请当日下午 2 时 30 分之前撤销交割申请，没有撤销的，计算机系统会判为作废。买方会员响应的，即视为确认，买卖双方均不得撤销。申请当日闭市后，交易所依据买卖双方相对应的持仓量、买卖双方确认申请量和卖方持有标准仓单量三者的最小值进行配对（即配对日）。

2. 第二交割日。买卖双方通过交易所会员服务系统收取“交割通知单”。

3. 第三交割日。交易所对买卖双方进行交割结算，具体流程见集中交割结算流程的有关规定。

（二）集中交割流程

最后交易日闭市前，对于同一会员同一交易编码客户所持有的该交割月买卖持仓，若客户未提出不自动平仓申请，最后交易日闭市后，其相对应部分买卖持仓由计算机自动平仓，平仓价按当日结算价计算。其他未平仓合约，一律视为交割合约。

最后交易日闭市前，卖方将拟进行集中交割的仓单数量提交至交易所，交易所按照卖方提交的拟集中交割的仓单数量释放卖方保证金。卖方未在规定时间内提交仓单数量的，不释放卖方保证金。

1. 第一交割日，PTA 期货采用标准仓单交割，第一交割日无须操作。

2. 第二交割日（配对日），在集中交割配对时，参与交割的 PTA 保税标准仓单优先分配给境外买方。若境外买方持仓数量合计小于或等于保税标准仓单数量，则境外买方均能分配到保税标准仓单。若境外买方持仓数量大于保税标准仓单数量，则按照“持仓时间长优先”的原则确定参与保税标准仓单交割配对的境外买方。其他未配对持仓和未分配标准仓单由计算机系统按数量取整、最少配对数原则予以配对。当日结算后，买卖双方通过交易所会员服务系统收取“交割通知单”。

3. 第三交割日。第三交割日上午 9 时之前，买方会员应当将尚欠货款划入交易所账户，卖方会员应当持有可流通的标准仓单。交易所结算部门为买卖双方办理交割结算手续，买卖双方在“交割通知单”注明的时间通过交易所会员服务系统查收交割结算结果。同时，买方会员把客户名称和税务登记证号等信息提供给卖方会员。交割标的为 PTA 保税标准仓单的，卖方会员应将增值税普通发票交付交易所。交易所收取买方会员全额货款后，于第三交割日将全额货款的 80% 划转给卖方会员，同时将卖方会员的仓单交付买方会员。余款在买方会员确认收到卖方会员转交的增值税专用发票时结清。交割标的为 PTA 保税标准仓单的，卖方会员应在第三交割日向交易所开具增值税普通发票，第三交割日后7个交易日闭市前未向交易所提交增值税普通发票的，交易所按照交割细则规定收取滞纳金或违约金。对发票的传递、余款的结算，会员均应按交割细则规定办理。

（三）其他规定

1. 交割关系一经确定，买卖双方不得擅自调整或者变更。

2. 卖方配对后，其相应的标准仓单予以冻结，相应的交易保证金予以释放。

3. 会员对"交割通知单"有异议的，应在第三交割日上午9时之前以书面形式通知交易所；未在规定时间内提出异议的，视为对"交割通知单"的认可。

4. 滚动交割的交割结算价为期货合约配对日（含该日）前10个交易日交易结算价的算术平均价。集中交割的交割结算价为期货合约最后交易日（含该日）前10个交易日交易结算价的算术平均价。

六、PTA的交割质量标准是什么？

PTA交割质量标准适用《工业用精对苯二甲酸》（GB/T32685－2016），具体内容如表3－2所示。

表3－2　工业用精对苯二甲酸质量指标　GB/T32685－2016

项目	优等品指标
外观	白色粉末
酸值（以氢氧化钾计）（mg/g）	675±2
对羧基苯甲醛（mg/kg）≤	25
对甲基苯甲酸（mg/kg）≤	150
灼烧残渣（mg/kg）≤	6

续表

项目	优等品指标
总重金属（钼铬镍钴锰钛铁）（mg/kg） ≤	3
铁（mg/kg） ≤	1
水分（w/%） ≤	0.2
DMF 色度（5g/100mL）/ Hazen 单位（铂－钴色号） ≤	10

七、PTA 交割费用有哪些？

PTA 交割各种费用收费标准如下：

1. 入库费：入库（吊卸、码垛）：12 元/吨。
2. 出库费：出库（扒垛、装车）：12 元/吨。
3. 检验费如表 3－3 所示。

表 3－3　PTA 期货入库检验项目及检验费用

序号	项　目	费用（元）
1	外观	100
2	酸值（mgKOH/g）	200
3	对羧基苯甲醛（mg/kg）	300
4	灼烧残渣（mg/kg）	300
5	总重金属（钼铬镍钴锰钛铁）（mg/kg）	700
6	铁（mg/kg）	200
7	水分（%）（质量分数）	300
8	5g/100mLDMF 色度，铂钴色号	200
9	对甲基苯甲酸（mg/kg）	300
10	品名	300

备注：（1）1 至 9 项指标全检的，费用为 2100 元/样；分项目检验的，按单项标价收费。

（2）委托指定质检机构扦样的，扦样费用为 2000 元/样，交通费另计。

4. 仓储费：0.5 元/吨·天。

5. 交割手续费：0.5 元/吨。

6. 仓单转让手续费、期转现手续费：0.5 元/吨。

PTA 运达交割仓库指定货位前的一切费用由卖方客户承担，货物装到汽车板后的一切费用由买方客户承担。出入库费用由卖方客户承担，货物入库时向交割仓库支付。

八、PTA 期货市场中可用于交割的 PTA 生产厂家有哪些？

按郑州商品交易所的规定，可用于期货交割的精对苯二甲酸（PTA）生产厂家如表 3-4 所示。

表 3-4　可用于期货交割的 PTA 生产厂家

序号	生产厂家	简称
1	中国石化扬子石油化工股份有限公司	扬子石化
2	中国石化仪征化纤股份有限公司	仪征化纤
3	中国石化上海石油化工股份有限公司	上海石化
4	中国石油化工股份有限公司洛阳分公司	洛阳石化
5	亚东石化（上海）有限公司	亚东石化
6	浙江逸盛石化有限公司	逸盛石化
7	珠海碧辟化工有限公司	BP 珠海
8	台化兴业（宁波）有限公司	宁波台化
9	逸盛大化石化有限公司	逸盛大化
10	石狮市佳龙石化纺纤有限公司	佳龙石化
11	浙江独山能源有限公司	新凤鸣
12	恒力石化（大连）有限公司	恒力石化
13	嘉兴石化有限公司	嘉兴石化
14	海南逸盛石化有限公司	海南逸盛

续表

序号	生产厂家	简称
15	汉邦（江阴）石化有限公司	江阴汉邦
16	江苏海伦石化有限公司	海伦石化
17	宁波利万聚酯材料有限公司	利万聚酯
18	江苏虹港石化有限公司	虹港石化
19	福建福海创石油化工有限公司	福海创
20	台湾化学纤维股份有限公司	台化
21	东展兴业股份有限公司	台湾东展
22	中美和石油化学股份有限公司	台湾中美和
23	三星石油化学株式会社 SAMSUNG PETROCHEMICAL CO.，LTD	韩国三星
24	高合化学公司 KP CHEMICAL CORP	韩国 KP
25	三南石油化学株式会社 SAM NAM PETROCHEMICAL CO，LTD	韩国三南
26	株式会社晓星 HYOSUNG CORPORATION	韩国晓星
27	泰光产业株式会社 TAE KWANG INDUSTRIAL CO，LTD	韩国泰光

注：交割品牌更新至 2021 年 10 月。

九、PTA 期货的指定交割仓（厂）库有几个？

PTA 期货指定交割仓（厂）库可参考表 3－5。PTA 包装一般有三种：一种是 1 吨包装，另一种是 1.1 吨包装，还有一种是 1.2 吨包装。由于 PTA 的交割单位与交易单位同为 5 吨，为方便交割，验收重量为 PTA 单包净重 1

吨、1.1 吨或者 1.2 吨以及交易所公告的相关规格。重量验收可采用过地磅同时抽包检斤或单独抽包检斤的方式进行。

表 3－5a　　PTA 期货指定交割仓库信息表

仓库编号	交割仓库名称	联系人	联系方式	仓库地址
0503	太仓新港物流管理中心有限公司	谭彪	固话：0512－53706207 手机：13915790540 传真：0512－53710890	江苏省太仓市浮桥镇北环路9号
0504	张家港保税区华瑞物流有限公司	尚学瑜	固话：0512－89595800 手机：18915729119 传真：0512－56308902	江苏省张家港保税区福建南路
0505	杭州临港物流有限公司	王琦峰	固话：0571－83531810	浙江省杭州市萧山区瓜沥镇临港工业园区瓜港西路309号
			手机：13867568730 传真：0571－82551033	浙江省杭州市萧山区瓜沥镇临港工业园区瓜港三路
0506	宁波保税区高新货柜有限公司	王重晖	固话：0574－86811528	浙江省宁波保税西区创业6路6号
			手机：13805866187	宁波出口加工区杨子江南路28号
			传真：0574－86884204	宁波保税东区兴业4路2号
0508	平湖华瑞仓储有限公司	万佳 黄丽峰	手机：13505837942/13738279587	浙江省平湖市独山港镇海涛路88号
			固话：0573－85656921/0573－85656929	浙江省嘉兴市海盐县西塘桥街道滨海大道1299号（临时存货点）
0509	张家港保税港区港务有限公司	秦仁丰	固话：0512－58323199 手机：18036123003 传真：0512－58322602	江苏省张家港保税港区南京路55号
0513	嘉兴石化有限公司	王宇星	手机：13750791019 固话：0573－88187783 传真：0573－88187792	浙江省平湖市乍浦镇中山西路388号

续表

仓库编号	交割仓库名称	联系人	联系方式	仓库地址
0514	江苏恒科新材料有限公司	陆佳颖	固话：0513－86768300 手机：18796181599 传真：0513－80605851	江苏省南通市通州区五接镇恒力纺织新材料产业园
0515	江苏海伦石化有限公司	薛娇	固话：0510－86093556 手机：13915246283 传真：0510－86095013	江苏省江阴市利港镇润华路20号
0314	江阴市协丰棉麻有限公司	葛美玲	固话：0510－86068518 手机：13961629237 传真：0510－86060698	江阴市华西村物流园沿江高速华西出口 江苏省江阴市华西村工业园泾浜路88号（临时存货点）
0516	张家港保税区外商投资服务有限公司	黄海滨	固话：0512－58320239 手机：15862621558 传真：0512－58810971	江苏省张家港市保税区福建路1号 江苏省张家港市台湾路2号
0519	荣盛石化股份有限公司	沈江建	手机：15990120947	杭州市萧山区益农镇红阳路98号
0523	苏州港口张家港保税区现代物流公司	谢勇	固话：0512－58320098 手机：13962221551 传真：0512－58326603	江苏省张家港市保税区上海路18号
0527	江苏国望高科纤维有限公司	丁喜临	手机：13912768838 传真：0512－63578151	江苏省苏州市吴江区平望镇梅堰工业集中区
0530	华润化学材料科技股份有限公司	左新花	固话：0519－85177777－6709 手机：13961296365 传真：0519－85100559－6702	江苏省常州市新北区春江镇圩塘工业园新宇东路1号

续表

仓库编号	交割仓库名称	联系人	联系方式	仓库地址
0531	嘉兴市海陆物流有限公司	孙冰	固话：0573－85582939	浙江省平湖市乍浦镇工业园区经一路 66 号
			手机：18857305587	
			传真：0573－85582939	
0532	建发物流集团有限公司	涂全东	固话：0592－5685387	嘉兴平湖市独山港区上港路 333 号
			手机：13850096508	嘉兴市海盐县西塘桥街道杭州湾大道 3288 号（临时存货点）
			传真：0592－5685270	嘉兴市海盐县西塘桥街道杭州湾大道 3889 号（临时存货点）
0533	浙江嘉兴港物流有限公司	符嵩佳	固话：0573－85656886	浙江省平湖市独山港镇海涛路 111 号
			手机：13516735137	
			传真：0573－85656919	
0534	福建省金纶高纤股份有限公司	杨启明	固话：0591－28518896	福建省长乐市滨海工业区
			手机：13959137536	
			传真：0591－28518720	
0538	厦门国贸物流有限公司	王毓德	传真：0592－5610387	浙江省平湖市广陈镇广育南路 189 号
			手机：13906012532	

境内生产的 PTA 申请注册完税仓单的，入库时应当向仓库提交本批 PTA 生产厂家出具的符合交割标准的“产品质量证明书”。“产品质量证明书”须载有生产厂家、生产日期、适用的质量标准和该批产品的质量检验结果等信息。

境外生产的 PTA 申请注册完税仓单的，入库时应当向仓库提交本批商品的船运证明以及“中华人民共和国海关进口货物报关单”“海关进口关税专用缴款书”“海关代征增值税专用缴款书”，生产厂家出具的“产品质量证明书”“产地证明书”等材料的复印件，并加盖申请入库单位公章。商品所有人应当对所提供的单证签署“进口 PTA 单证合法、真实、有效保证书”。

申请注册 PTA 保税标准仓单的，入库时应当向仓库提交本批商品的生产厂家出具的“产品质量证明书”“产地证明书”及海关要求的其他单证等材料的复印件，并加盖申请入库单位公章。不同生产厂家生产的 PTA 应当分开预报。

表 3－5b　　PTA 期货指定交割厂库信息表

厂库编号	交割厂库名称	联系人	联系方式	地址
0517	浙江逸盛石化有限公司	施琦	固话：0574－86189186 手机：13732179879 传真：0574－86189180	浙江省宁波市北仑区小港街道港口路 8 号
0524	恒力石化（大连）有限公司	陈丽丽	固话：0411－66522783 手机：15754088946 传真：0411－66522368	辽宁省大连市长兴岛经济区长松路 299 号
0525	逸盛大化石化有限公司	刘喆	固话：0411－62777878 手机：15842459087 传真：0411－62777874	辽宁省大连市开发区海滨旅游路 262 号
0537	福建省福化工贸（漳州）有限公司	秦浩	固话：0592－5229272 手机：17689381954	工厂地址：福建省漳州市古雷港经济开发区世纪金源 23 区商业 3 号楼；办公地址：厦门市思明区莲前街道领事馆路银领中心 B 座 4 楼

十、PTA 的质量检验由什么机构来做？

PTA 期货交割品的质量检验由交易所指定的质检机构负责，检验后出具检验证书作为该批 PTA 注册仓单的质检依据。注意：生产日期超过 90 天的境内生产的 PTA 和自境外发运之日起超过 60 天的进口 PTA，仓库不得接收入库。郑州商品交易所指定以下单位为 PTA 期货交割质检机构：宁波海关技术中心、张家港检验认证有限公司。

十一、PTA 实物交割方面有什么规定?

1. 实行滚动交割制度。自合约进入交割月第一个交易日至交割月最后交易日前一交易日止，买方、卖方均可在每个交易日下午 2：30 之前提出交割申请；最后交易日闭市后，按交易所规定集中配对，并按规定程序完成交割。

2. 采用三日交割法，第一日为配对日，第二日为通知日，第三日为交割日。

3. 期货转现货。期货合约自上市之日起到该合约最后交易日期间，均可进行期转现。持有同一交割月份合约的买卖双方达成协议并按规定填写“期货转现货协议表”后，在每个交易日的下午 2：30 之前到交易所办理期转现审批手续。交易所批准后，期转现的买卖双方持有的期货头寸，由交易所在批准日的下午闭市之后，按买卖双方达成的平仓价格平仓。买卖双方达成的平仓价格应当在审批日合约价格限制的范围内。

十二、PTA 交易的保证金有什么规定?

期货交易实行保证金制度。保证金制度是期货交易最显著的特征之一，期货保证金是履约的保证，一方面是投资者对履约期货的一种承诺；另一方面期货价格变动时，它又可作为清偿投资者损益的本金。

保证金一般可分为两部分：一部分为交易所收取的，是交易所向期货参与者收取的用来保证合约顺利履行的资金；另一部分是期货公司收取的，当发生风险的时候可在客户与交易所之间起到缓冲作用。交易所保证金比例是明文规定、轻易不变的。而期货公司保证金标准一般在交易所收取的保证金基础上再上浮一定比例，并在此基础上根据持仓量的大小、交易目的以及到期时间长短、节假日因素等不同情况调整保证金水平。而且还会根据客户资金量大小、承受风险能力等各方面因素综合调整和改变，通常收取不低于交易所标准的保证金（不过这要客户自己主动向期货公司提出）。交易所保证金和期货公司保证金相加就是期货参与者在参与期货时实际承担的交易保证金，也就是说客户实际保证金是交易所保证金的两倍左右。一旦遇到风险，比如极端行情下客户剩余资金大幅减少甚至为负，按照交易规则，客户已经不能保证合约顺利履行。如果只有交易所保证金，则交易所会直接把客户持有的合约强行平仓，但因为有期货公司额外收取的保证金，这就保证了客户在参与期货的时候，实际杠杆要小于期货交易所的保证金杠杆，自然降低了保证金不足的概率，而且期货公司还会提前通知保证金不足的客户决定是追加保证金还是直接平仓，让客户有一个考虑选择的时间。

PTA 期货合约的交易所最低交易保证金标准为期货合约价值的 5%。期货合约的交易保证金标准按照其合约上市交易的时间分三阶段依次管理，具体见表 3－6。

表 3－6　　郑商所 PTA 期货保证金收取规定

交易时间段	交易保证金标准（%）
自挂牌至交割月前一个月第 15 个日历日期间的交易日	5
交割月前一个月第 16 个日历日至交割月前一个月最后一个日历日期间的交易日	10
交割月份	20

注：各期货公司收取部分各有不同。

十三、PTA 交易的限仓方面有什么规定？

限仓是指交易所规定会员或客户按单边计算的，可以持有的 PTA 合约投机持仓的最大数量。PTA 期货交易时的限仓制度如表 3－7 所示。

表 3－7　　郑商所 PTA 期货持仓限制规定

项目	期货合约单边持仓量	非期货公司会员及客户最大单边持仓量（单位：手）
自合约挂牌至交割月前一个月第 15 个日历日期间的交易日	单边持仓量＜50 万手	50000
	单边持仓量≥50 万手	单边持仓量×10%
交割月前一个月第 16 个日历日至交割月前一个月最后一个日历日期间的交易日		10000
交割月份		5000

注：各品种期货合约对期货公司会员不限仓。

十四、PTA 交易过程中有涨跌停限制吗？

涨跌停板制度是指期货合约允许的每日交易价格的最大波动幅度，超过该涨跌幅度的报价将视为无效不能成交。PTA 期货合约每日价格最大波动幅度不超过上一交易日结算价 ±4%。交易所根据市场情况，可对品种涨跌停板进行调整，具体以交易所公告为准。

十五、PTA 期货交易中还有哪些制度？

PTA 期货还实行大户报告制度、强行平仓制度、风险警示制度等基本制度。

十六、PTA 期货上市以来，行情走势如何？

PTA 期货于 2006 年 12 月 18 日在郑州商品交易所上市，当时市场现货价格在 8200～8250 元/吨附近，而 PTA 期货主力合约价格达到 8800～8900 点，接下来的走势在现货价格的基础上，保持着正向市场结构，其价格运行总体仍保持着原现货的价格运行特点，即价格趋势性较强，价格波动较大。回过头来再看 PTA 期货的走势（如图 3－2 所示），或许你会看到其中有许多的必然，会发现其中有许多规律可循，给你更多的启发，令你预测未来更加准确，所以总结过去是非常有意义的。

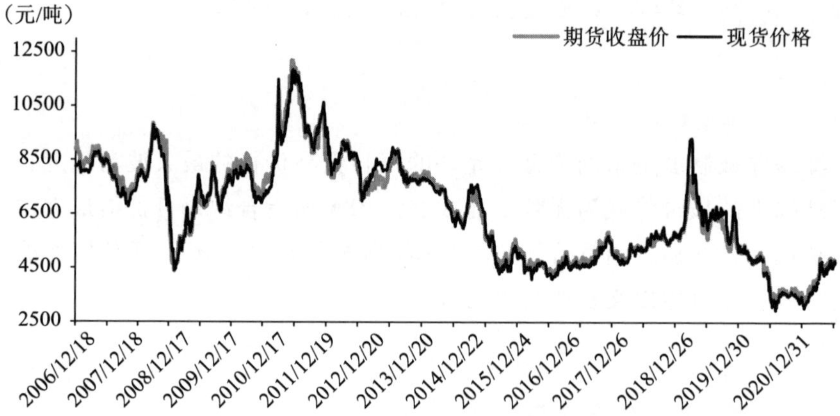

图 3－2　2006 年 12 月至 2021 年 6 月 PTA 期货与现货价格对比

综观 PTA 期货上市以来的行情走势，大体可以分为七个阶段：

第一阶段：2007 年 5 月至 2007 年 12 月，PTA 呈下跌走势，主要原因是 PTA 新产能释放，供应快速放大，众多低价新产品冲击市场，供应过剩成为行情的主旋律，使 PTA 期货行情演绎一轮逆原油价格上涨，开启持续长达一年之久的下跌走势（如图 3－3 所示）。2007 年初国际原油价格最低 50.28

美元/桶，年底时升至 96.62 美元/桶，涨幅高达 92.2%。受其带动，期货化工品多保持上升态势，对于 PTA 来讲，成本不低，而价格却持续走低，PTA 期货上市之初高点在 9150 元/吨左右，至 2007 年 12 月上旬 PTA 期货主力合约价格已跌破 7000 点大关至 6866 点，跌幅 25% 左右，PTA 的供应商深陷亏损境地。结论：供过于求的力量远大于原油等下游上涨的拉力，行情被供应过剩所主导。

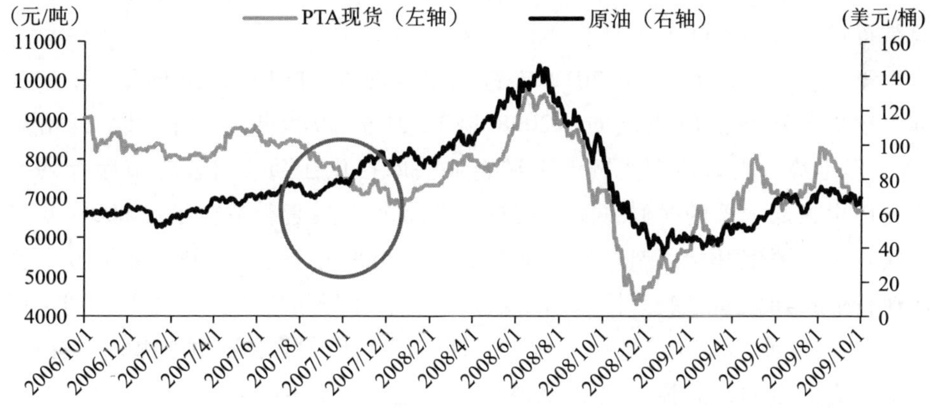

图 3-3 2006 年 10 月 1 日至 2009 年 10 月 1 日 PTA 现货与原油的对比

第二阶段：2008 年，PTA 呈现先上涨后大跌的走势。2007 年 12 月至 2008 年 7 月，原油价格强势上升，于 7 月中旬达到历史性高位 147 美元/桶，涨幅 67%。原油大涨拉升了 PTA 成本。与此同时，PTA 装置开工率不断下降。因 2007 年全年原油等上游产品价格步步走高，PTA 期货价格却持续走低，PTA 供应商经营惨淡，亏损逐步扩大。因 PX 与 PTA 进口关税之差，更是因成本过高，国外 PTA 生产商明显处于劣势，致使大部分国外产能小的老装置停产甚至被淘汰出局，国内 PTA 供应商也多在 9 月开始大面积减产，试图缓解库存压力来降低损失，市场终于摆脱了过剩的阴影。2007 年 12 月下旬，PTA 限产效果显现，PTA 库存压力开始缓解，积压产品逐渐被市场消化。最后，2008 年春节因大雪灾及之后汶川地震，涤丝需求增加。在上述成本拉升、供应减少及需求放大的共同作用下，PTA 期、现货双双触底反弹，行情终于回归上升趋势。2008 年 7 月至 2008 年 11 月，PTA 期、现货价格大跌。人们按传统的眼光认为6—8月是下游纺织品需求的淡季，6月中旬止涨下跌极为正常，并期盼秋季需求旺季到来，此时国际市场沉浸于原油继续火爆看多的氛围中，不料灾难却悄然来临。7月中旬国际原油价格于150美元/桶的关口前历史性地停住了脚步，开始了令所有人都措手不及的百年一遇的金融危机，所有大宗商品在原油的带领下疯狂下跌，原油最低跌至40美元/桶之下。PTA也不能幸免，一路暴跌而下，现货最低跌至4380元/吨，期货TA901跌至4320点。这一阶段，PTA走出了一轮史上少有的暴跌行情，持续时间5个月。

第三阶段：2009年至2012年进入后金融危机时代，市场复苏，PTA期、现货价格冲击历史高点。2008年11月至2011年2月，PTA价格呈“N”形走势。大跌使产业链上下游企业去库存化强劲，当各环节库存均下降到历史最低水平的时候，刚性需求使PTA期、现货行情终于在2008年11月底止跌，再度开始了新一轮的上升走势。2009年上游PX新产能的逐渐释放使行业预期供应过剩。国庆节长假过后，秋季下游需求到来之际，PTA期货价格在8400~8600点徘徊，这一时期，PTA下有需求强劲支撑，上有PX上涨无力的压制，总体表现为涨跌两难的态势。2010年上半年，PTA价格走势显得有些不尽如人意，虽然一季度以来下游需求复苏、出口形势好转，但与此同时欧洲的主权债务危机正在愈演愈烈。一季度末希腊债务危机开始升级扩散，进而引发原油下跌，PTA工厂高利润与原料价格的走弱，为PTA打开了下跌空间。2010年下半年至2011年初，PTA价格开始上涨。2009年2月对原产于韩国和泰国的进口PTA反倾销调查对原产于韩国和泰国的进口PTA加征收2%~20.1%的反倾销税。由于从韩国和泰国进口的PTA占进口量的50%，而我国PTA供给对进口的依存度为30%，因此该调查结果意味着国内市场中15%的PTA将面临成本突然上升的问题，从而迫使国内PTA整体价格上涨。进入年末，在通胀加剧背景下，叠加传统旺季来临和聚酯新增产能投放，PTA需求量大增，再配合棉花的比价效应等多重因素，PTA演绎了疯牛行情，期货TA1105合约走出了五连板的极端表现，创下了PTA期货上市以来最疯狂的记录，TA1108合约从9000点附近上涨至11750点附近。2011年上半年，现货价格也高居不下，造成PTA进口及PX生产利润达到较高值，下游利润大量挤压，导致下游采购清淡。同时在国家管理通胀及多次上调存款准备金的影响下，PTA 价格出现了深幅下跌。进入四季度，欧债危机愈演愈烈，国际商品市场出现快速下跌，华东华南企业出现了一波倒闭潮及跑路潮，华东华南属于 PTA 主要消费区域，在企业大量关停的影响下，PTA 期、现价格出现快速下跌，最低点已跌破 8000 关口，下跌幅度超过 20%。后期 PTA 厂家停工保价，PTA 期、现价格有所企稳。

第四阶段：2012 年至 2014 年，PTA 价格呈下跌走势。PTA 的产能扩张是从 2012 年开始的，之后 3 年平均的产能扩张增速都接近 20%，主要是民营、化纤企业往上游扩展原材料及已有的 PTA 工厂进行的产能扩张。扩张的主要动力源于 2012 年前行业处于高景气度周期，企业生产利润丰厚。但是随着 PTA 产能不断扩张，而下游聚酯产能扩张步伐放缓，整个 PTA 行业产能过剩情况日益加剧，供应压力倒逼价格竞争，行业的开工率也是逐年下滑，一度达到 65% 附近，生产亏损也成为一个常态。而同期，原油供需格局转变，也令市场面临重新定价，PTA 成本端重心下移，进一步打压 PTA 期、现货价格。2012 年之前，全球原油需求增速基本上等于供给增速，供需结构整体呈平衡状态。但是 2012 年之后，全球原油供给增速大于需求增速，2014 年，全球原油产量为 9219 万桶/日，需求量为 9119 万桶/日，供需过剩 100 万桶/日。而打破这一平衡的主要因素是致密油革命。致密油技术逐渐成熟，以北美页岩油为代表的致密油产量剧增，打乱了原油供给的秩序，而 OPEC 为了市场份额不被其他产油国抢走，不断压价来挤出竞争对手。2014 年 7 月以来，原油期货价格大幅下挫。其中，WTI 原油期货指数由最高 104.32 美元/桶一度跌至 46.96 美元/桶，累计下跌 57.36 美元/桶，跌幅达 54.98%。Brent 原油期货指数由最高 113.92 美元/桶一度跌至 49.46 美元/桶，累计下跌 64.46 美元/桶，跌幅达 56.58%。因此这一阶段，PTA 期、现货价格在供需端与成本端双振下开启了长达 3 年的震荡下跌走势。

第五阶段：2015 年至 2018 年第三季度，PTA 期、现货价格横移盘整多时，伴随着产能出清及产业去库存，终迎企稳回升。2012 年至 2014 年产能快速增长后，PTA 市场由供不应求转变为产能过剩，市场竞争日趋激烈。与此同时，PTA 上下游产业链形势也快速变化，下游聚酯行业增速放缓，对 PTA 需求的支撑减弱；上游 PX 行业由于产能增长受阻，长期供不应求，价格保持坚挺，原料在 PTA 生产成本中所占比例不断上升。PTA 行业整体盈利水平迅速下滑，2013 年以来，我国 PTA 行业整体在微利甚至负利区间运行。行业陷入大面积亏损，高成本装置开始大量退出市场，表现为有效产能显著下降。2015 年开始落后产能步入加速出清阶段，这一时期，PTA 价格逐步进入底部区间。直到 2016 年下半年，下游聚酯行业迎来一轮复苏，2017 年聚酯产量大幅增加 12%，2018 年聚酯产量增加 18%。在经历阶段性去产能，装置保持较低的开工率，库存持续去化之后，配合下游聚酯产能快速增加，PTA 行业已从严重过剩进入紧平衡状态。2018 年 6 月底到 2018 年 8 月底 PTA 价格迎来一波暴涨。此轮拉涨因素，首先源于 PX 下半年阶段性库存紧张。PX 供应格局偏紧，导致 PX 利润明显放大。同时叠加人民币贬值，成本端 PX 价格快速上涨。再有第二季度部分新聚酯产能集中投产，对 PTA 需求旺盛，而 PTA 在此期间由于集中检修开工负荷相对偏低。当时，国内 PTA 出口达到近年来的高点，月均在 9 万吨偏上，而同期的进口量降至相对低位，仅在 5 万吨左右。所以从 5 月开始 PTA 就进入持续去库存阶段，至 8 月底，PTA 社会库存已从 4 月底的 160 多万吨降至 100 万吨以下。供需面偏紧，也成为 PTA 价格快速上涨的推力。

第六阶段：2018 年 9 月至 2020 年 11 月，PTA 呈下跌走势。进入 2018 年第四季度，由于前期 PTA 期现货大涨已经透支了需求预期，价格大涨造成下游亏损加剧，而 9 月 24 日中美贸易战打响，终端需求下滑，部分聚酯瓶片、涤纶短纤和涤纶长丝企业减产，聚酯负荷下降，PTA 供需转弱造成 PTA 期、现货价格大幅回落，3 个工作日下跌近 1500 元/吨。10 月原油快速回落，成本端重压，PTA 期、现货价格大幅回落。这一时期，产业链的供需状态及利润对 PTA 价格起主导作用。2019 年前 4 个月中美贸易战缓和，下游外贸订单大增，叠加原油价格上涨，基本面表现较好，PTA 现货价格开始震荡向上；受 PX 项目投产预期影响，第二季度开始 PX 价格大幅下挫，PTA 利润空间也处于适当区域。5 月份以后，中美贸易摩擦反复拉锯，PTA 期、现货走出了一波“过山车”行情，下半年 PTA 进入新一轮扩能周期，并于 7 月份以后进入单边下跌走势。进入 2020 年，疫情侵袭加快 PTA 下跌，PTA 现货价格持续跌落至 2020 年 5 月的 3265 元/吨，跌幅高达 40%。这一时期，突发事件会使 PTA 产业链紊乱，进而造成其价格剧烈波动。

第七阶段：2020 年 11 月至 2021 年 5 月，PTA 价格呈上涨走势。从

2020 年 11 月开始 PTA 成本端势头强劲，受原油价格不断上涨影响，PX 利润修复，价格也从 2020 年 11 月的 508 美元/吨低点上涨至 2021 年 5 月的 883 美元/吨，涨幅高达 73%，同期纺织服装生产和出口在新冠肺炎疫情下实现逆势增长，成本上升、需求复苏，PTA 现货价格从 3140 元/吨上涨 54%，至 4830 元/吨。这一阶段，成本抬升与需求复苏共同促进 PTA 现货价格上涨，成本端与需求端对 PTA 现货价格起主导作用。

通过上述的回顾，我们发现 PTA 上市之后的期货价格，继续保持了 PTA 上市之前的现货的运行特点：价格波动大、持续时间长。这一特点非常适合于期货投资（见图 3－4）。

图 3－4　2020 年 11 月至 2021 年 5 月 PTA 现货与 PX 价格对比

十七、PTA 期货投资前景如何？

PTA 市场完全放开，其价格完全由市场决定，有利于更好地发挥 PTA 期货的功能。PTA 质量稳定，符合期货交割标的品质均一的要求。PTA 价格波动大，现货企业套期保值的需求高。无论是产业链上下游企业，还是普通投资者，如能较好地利用期货市场，都将会有较理想的回报。对于生产经营企业，如能较好地利用期现“两条腿走路”，就能有效地回避市场风险，获得稳定收益。

十八、PTA 期货市场国际化情况如何？

2018 年 11 月 30 日，PTA 期货引入境外交易者启动仪式在郑商所举行。PTA 期货是我国期货市场第一个化工品种，也是第一个引入境外交易者的化工品种。PTA 产业链上下游产品的国际贸易量大，且主要贸易国家分布在“一带一路”沿线。在人民币国际化和期货市场对外开放的背景下，PTA 期货引入境外交易者，有利于推动我国成为全球聚酯产品的定价中心，提升国际影响力。

截至 2020 年底，已有来自 16 个国家和地区的 260 个境外客户开户。有 42 家境外经纪机构完成备案，可以开展 PTA 期货境外经纪业务。

自测题

一、选择题

1. 郑州商品交易所 PTA 期货合约最小变动价位目前为（　　）。

A. 5 元/吨　　B. 2 元/吨

C. 0.2 元/吨　　D. 0.5 元/吨

2. PTA 期货合约的最低交易保证金标准为期货合约价值的（　　）。

A. 5%　　B. 4%

C. 6%　　D. 8%

3. 郑州商品交易所 PTA 期货目前的交易单位为（　　）吨/手。

A. 5　　B. 10

C. 50　　D. 100

4. 郑州商品交易所精对苯二甲酸（PTA）期货的交易代码为（　　）。

A. TA　　B. SF

C. SM　　D. ZC

5. 夜盘交易结束时间为北京时间（　　）。

A. 20：30　　B. 21：30

C. 22：30　　D. 23：00

6. TA1909 期货合约的最后交易日为（　　）。

A. 2019 年 9 月第 10 个交易日　　B. 2019 年 9 月第 20 个交易日

C. 2019 年 9 月第一个交易日　　D. 2019 年 9 月最后一个交易日

二、判断题

1. 2006 年 12 月 18 日精对苯二甲酸期货合约经国务院同意，中国证监会批准在郑州商品交易所上市交易，我国是全球首个上市 PTA 期货的国家。（　　）

2. PTA 期货合约每日价格最大波动幅度不超过上一交易日结算价 ±6%。（　　）

参考答案

一、选择题

1. B　2. D　3. A　4. A　5. D　6. A

二、判断题

1. 对　2. 错

第四章

PTA 上游企业如何利用 PTA 期货管理风险

本章要点

本章主要对 PX 生产企业及贸易企业如何运用 PTA 期货进行讲解。

一、PX 贸易商能否参与 PTA 期货交易?

答案当然是肯定的，由于 PX 与 PTA 之间存在着极强的相关性，两者价格之间存在着极强的同向联动性，所以 PX 贸易商参与 PTA 期货非常有必要，而且两者之间的保值或套利等也将是非常有效的。

因为贸易企业不介入生产消费，所以不承受价格递推。尽管贸易企业依靠价格波动、追求价格差值从中收益，但贸易企业是最直接面临价格变动风险的，也是最需要参与期货市场的机构。应该说，最早参与并且成为各个期货品种主要力量的就是贸易企业，PTA 期货品种也不例外。只要现货价格存在波动，贸易企业就具有参与期货市场的强烈意愿，并且在期货和现货市场可以进行多种手段的操作，如期现套利、同品种跨合约套利以及跨品种套利等。

二、PX 生产企业如何参与 PTA 期货交易？

对于 PX 生产企业来说，最大的风险莫过于 PX 价格的下跌。由于生产周期的原因，当产品生产出来在市场销售时，产品行情下跌会导致生产利润空间缩水，甚至出现亏损情况。如 2020 年上半年新冠肺炎疫情突袭市场，大宗商品短时间内快速暴跌让国内不少原料或成品高库存企业损失惨重，PTA 以及上下游企业同样也不例外。PTA 工厂和上下游工厂自觉地降低库存。如以往 PTA 生产企业原料 PX 库存 20～30 天，金融危机后多数降至15～20 天。因为一般上游 PX 企业多是大型石化联合装置，即不会单独生产 PX，而是芳烃类产品如苯、甲苯、二甲苯等同时产出，所以减停产相对不大容易，下游减少原料的采购降低了风险，将会加大 PX 工厂的库存。在这种情况下，PX 生产企业参与 PTA 期货为产品保值是非常必要的，也是行之有效的。特别是在 2019 年 PX 产能大投放的背景下，PX 易跌难涨，第二季度及第四季度分别出现了两次比较大的下跌行情。当 PX 生产企业预计到 PX 价格将要下跌时，可以在期货市场上抛出 PTA 为企业的 PX 做卖出保值，进而规避 PX 的下跌风险。

案例 4－1

2019 年 3 月至 5 月国内有两套产能共计 450 万吨的 PX 新装置相继投产，某 PX 生产厂家预计 PX 价格将要承压下跌，决定在期货市场上抛出 PTA，为销售不畅的 PX 产品保值。参考图 4－1 中亚洲 PX 与内盘 PTA 现货价格走势，3月中旬亚洲PX在到达1100美元/吨之后，顶部迹象明显，并开始下滑。4月16日PTA再涨无力从阶段性顶点开始下跌，主力合约TA2009从6342元/吨的收盘价向下跌落，确认行情判断无误后，该企业于4月17日在期货市场上抛出600手TA2009，具体盈亏情况如表4－1所示。

图4－1 2006年6月至2010年6月亚洲PX与内盘PTA现货价格走势对比

表4－1 案例盈亏情况

时间及盈亏	具体操作	
	PX现货	期货TA2009
2019年4月17日	1103美元/吨库存2000吨	以6320元/吨卖出600手
2019年5月23日	857美元/吨	以5380元/吨买平600手
盈亏情况	(857－1103)×2000＝－49.2万美元 折合人民币49.2万美元×6.87＝338万元，即亏损338万元	(6320－5380)×600×5＝282万元，即盈利282万元
	盈亏冲抵后：实际将亏损幅度降低至338－282＝56万元	

该企业如果不在期货市场上卖出PTA来对PX库存进行套保，则面临PX库存跌价导致的338万元的亏损，但企业利用PTA期货卖出套保后期货市场获利282万元，弥补一部分因PX跌价产生的亏损，使该PX生产企业仅亏损56万元。

三、PX 贸易企业如何参与 PTA 期货交易?

因为 PX 与 PTA 之间存在较强的正向相关关系，所以 PX 贸易商参与 PTA 期货为自己的产品保值是比较合适的。2020 年上半年 PX 在新冠肺炎疫情冲击的背景下价格大幅塌陷，以往当行情走弱时贸易难做，多数贸易商只能空仓观望，寻机抄底。下游纺织品服装 6—8 月进入传统的淡季，在买涨不买跌的背景下，PX 贸易商参与 PTA 期货实现品种间的套利行为。

当 PX 价格出现上涨预期，如原油等上游产品价格上涨、成本提升时，PTA 的下游需求却不理想，PX 与 PTA 期货主力合约结算价的比值处于相对低位，此时建议企业在现货市场购入 PX，同时抛出 PTA 期货。当成本及下游需求因素发生逆转，PX 与 PTA 期货的比价达到较高水平时，则可抛出 PX 现货同时平仓 PTA 期货，完成套利操作。

案例 4 – 2

2020 年 4 月至 6 月，原油价格大涨，受其带动石脑油及异构级 MX 价格也持续攀升，PX 作为其下游产品价格上涨为大概率事件，而 PTA 下游消费端受国外新冠肺炎疫情肆意蔓延影响，消费订单大受影响，5 月份开始才逐步恢复，但依旧弱于历史同期水平，因此后市判断 PTA 大概率涨幅会弱于 PX，甚至可能出现下跌。如图 4 – 2 所示，PX 与 PTA 比价从 3 月 15 日的 0.17 降至 6 月 10 日的 0.13。基于前文对后市 PTA 弱于 PX 的判断，某 PX 贸易商决定，买入现货 PX 卖出期货 PTA，待 9 月 10 日 PX 与 PTA 比价升至 0.16，达到了 PX 贸易商的预期套利空间，随即期货盘面 3430 元/吨平仓，期货盘面盈利 28.5 万元，1000 吨 PX 现货以 549 美元/吨抛售获利 16.32 万元，现货端和期货端盈亏共获利 44.82 万元。具体操作情况如表 4 – 2 所示。

图 4－2　2019—2021 年 5 月 PX 与 PTA 期货的比价波动

表 4－2　　案例盈亏情况

<table>
<tr><th rowspan="2">时间及盈亏</th><th colspan="2">具体操作</th></tr>
<tr><th>PX 现货</th><th>期货 TA2009</th></tr>
<tr><td>2020 年 6 月 10 日</td><td>525 美元/吨买入 1000 吨</td><td>3620 元/吨卖出 300 手</td></tr>
<tr><td>2020 年 9 月 10 日</td><td>549 美元/吨卖出 1000 吨</td><td>3430 元/吨买平 300 手</td></tr>
<tr><td rowspan="2">盈亏情况</td><td>盈利：（549－525）×1000＝2.4 万美元
折合人民币 2.4×6.8＝16.32 万元</td><td>盈利：（3620－3430）×300×5＝28.5 万元</td></tr>
<tr><td colspan="2">PX 端盈亏＋PTA 端盈亏＝16.32＋28.5＝44.82 万元</td></tr>
</table>

当 PX 基本面转弱，价格出现下跌预期，如原油等上游产品价格下滑成本下降，同时 PTA 的下游需求有支撑，PX 与 PTA 期货主力合约结算价的比值处于相对高位时，可以在现货市场卖出 PX 现货，同时在期货市场买入 PTA 期货。而当成本及下游需求因素发生逆转，PX 与 PTA 期货的比价达到较低水平时，则可再度买入 PX 现货同时平仓 PTA 的多头期货头寸，完成套利操作。

案例 4－3

2020 年 2 月下旬，由于全球经济受新冠肺炎疫情影响，需求呈断崖式下跌，原油价格屡创新低，我国 PX 因新产能 220 万吨计划将于 3 月份投产，价格压力加大顶部迹象明显，其价格下跌之势明显大于 PTA。参考图 4－2，PX 与 PTA 的比价已升至阶段性高点 0.173。某 PX 贸易商据以上分析之后，决定于 2 月 20 日抛出 PX 现货同时以 4628 元/吨的价格买入 PTA 期货，待 4 月 3 日两者比价降到 0.143 后以 3462 元/吨的盘面平仓，又以 456 美元/吨买回 PX 填补之前的卖空库存从而实现 184.75 万元的套利。其具体的情况如表 4－3 所示。

表 4－3 案例盈亏情况

时间及盈亏	具体操作	
	PX 现货	期货 TA2009
2020 年 2 月 20 日	752 美元/吨卖出 2000 吨	4628 元/吨买入 400 手
2020 年 4 月 3 日	456 美元/吨买入	3462 元/吨卖平 400 手
盈亏情况	盈利：(752－456)×2000＝59.2 万美元 折合人民币 59.2×7.06＝417.95 万元	亏损：(3462－4628)×400×5＝－233.2 万元
	盈亏冲抵后：实际将亏损幅度降低至 417.95－233.2＝184.75 万元	

自测题

一、填空题

1. 由于 PX 与 PTA 之间存在着相关性，两者价格之间存在着极强的同向联动性，所以 PX 贸易商参与 PTA 期货是非常有必要的，而且两者之间的________等也将是非常有效的。

2. 对于PX生产企业来说最大的风险莫过于________的下跌。由于生产周期的原因，会使生产企业在产品生产出来销售于市场时，产品行情下跌使________空间缩水，经常出现亏损。

二、判断题

1. PX生产企业参与PTA期货为产品保值是非常必要的，也是行之有效的。（　　）

2. PX贸易企业除了可为库存PX产品进行套保外，还可做跨品种期现套利，也可做跨期套利。（　　）

三、单选题

1. 跨品种期现套利是PX贸易企业参与期货市场最直接的方式，也是风险相对（　　）的一种操作。

A. 较小　　B. 较大

C. 没有　　D. 不确定

2. 由于生产周期的原因，生产企业在产品生产出来销售于市场时，产品行情下跌使生产利润空间缩水，所以经常会有（　　）出现。

A. 盈利　　B. 亏损

C. 效益保持　　D. 不确定

3. 由于贸易企业（　　）生产消费，所以不承受价格递推。尽管贸易企业依靠价格波动、追求价格差值从中收益，但贸易企业是最直接面临价格变动风险的，也是最需要参与期货市场的机构。

A. 只参与　　B. 有时参与

C. 需要　　D. 不介入

四、多选题

1. 2010年上半年PX呈现弱势，先后于春节前和5月出现了两轮中等级的下跌行情，两轮下跌行情之间也只做上下震荡盘整的态势，而下游纺织品服装6～8月进入传统的淡季，所以行情底部仍未能确认，现货贸易难有机会。而此时正是（　　）的好时机，进而又拓展了贸易企业参与的空间。

A. PX生产企业　　B. 购入PX现货

C. PX贸易商　　D. 参与PTA期货

2. 2010年PX产能过剩供求不利的背景下，PX易跌难涨，年初的（　　）分别出现了两次比较大的下跌行情。而当PX生产企业预计PX价格将要下跌，就可以在期货市场上抛出PTA为企业的PX做卖出保值，进而规避PX的下跌风险。

A. 3月　　B. 1月至春节前

C. 5月　　D. 6月

3. 最早参与并且成为各个期货品种主要力量的就是贸易企业，PTA期货品种也不例外。只要现货价格存在波动，贸易企业就具有参与期货市场的强烈意愿，并且在期货和现货市场可以进行多种手段的操作，如（　　）。

A. 期现套利　　B. 同品种跨期套利

C. 跨品种套利　　D. 跨市套利

4. 当PX价格出现上涨预期，如原油等上游产品价格上涨成本提升时，同时PTA的下游需求并不理想，而且PX与PTA期货主力合约结算价的比值处于相对低位时，就可以在现货市场购入PX现货，同时在期货市场抛出PTA期货。而当成本及下游需求因素发生逆转，以及PX与PTA期货的比价达到较高水平时，则可（　　）期货，完成套利操作。

A. 抛出PTA现货　　B. 抛出PX现货

C. 平仓PTA期货　　D. 买入PTA现货

5. 当PX基本面转弱价格出现下跌预期，如原油等上游产品价格下滑成本下降时，同时PTA的下游需求有理想支撑，而且PX与PTA期货主力合约结算价的比值处于相对高位时，可以在现货市场卖出PX现货，同时在期货市场买入PTA期货。而当成本及下游需求因素发生逆转，以及PX与PTA期货的比价达到较低水平时，则可再度（　　），完成套利操作。

A. 买入PX现货　　B. 卖出PX现货

C. 开仓卖出PTA期货　　D. 平仓PTA的多头期货头寸

参考答案

一、填空题

1. 极强的保值或套利　2. PX 价格；利润空间

二、判断题

1. 对　　2. 对

三、单选题

1. A　　2. B　　3. D

四、多选题

1. CD　　2. BC　　3. ABC　　4. BC　　5. AD

第五章

PTA 生产企业和贸易商如何利用 PTA 期货

本章要点

纵观 PTA 产业链，即原油→石脑油→MX→PX→PTA→PET（聚酯），环节众多，生产过程极为复杂。本章将只截取其中的中游部分进行分析，通过典型案例介绍 PTA 生产企业及 PTA 贸易商参与 PTA 期货的方式和方法。

一、PTA 生产企业如何运用期货工具?

PTA 生产商有效利用期货，进行常规的买入和卖出保值，灵活调节下游销售。其主要通过期货的基本功能运用期货工具，利用期货管理价格的同时，灵活地采用新销售模式，达到风险控制的目的。具体来说，PTA 生产企业通过期货市场进行卖出操作开辟销售渠道，降低库存风险，并且可以在检修期进行买入操作建立虚拟库存。

二、PTA 生产企业进行套期保值的具体操作是怎样的？

一般而言，PTA 生产企业采取的是卖期保值的操作方式，也就是持有现货同时在期货市场上卖出相应的期货合约，也可以不持有现货，但是在期货市场上卖出的量是该企业在合约交割前所能生产出来的量。当然，生产企业也可以参与买期保值操作，但前提是，该企业是为了弥补装置检修或其他因素导致的 PTA 产量与下游需求之间的缺口，这时候选择在期货市场上买入相应的期货合约手数，将是一种非常便捷的方式。

三、PTA 生产企业如何定位套期保值？

PTA 属于石化类大宗商品，价格波动剧烈，因此 PTA 生产企业高度重视规避 PTA 价格波动风险，往往在存货、采购、销售等环节采取多种措施来控制经营风险。在 PTA 期货上市之前因为没有完善的保值体系，导致 PTA 生产企业的风险控制方式非常单一，一般采取保守和稳健的经营方式，并保证一定的流动资金量。自从 PTA 期货上市以来，企业的风险控制有了新的途径，可以通过生产 PTA 产品，同时在期货市场上卖出 PTA 合约来锁定利润，从而熨平 PTA 销售旺季和淡季之间的利润差异，保证企业拥有持续稳定的利润收入。

期货市场保证金操作的杠杆效应使资金利用效率大大提高的同时也会放大风险，因此企业需要制定严格的期货套保制度和操作流程，防止套保不规范，甚至是直接参与投机。企业应该依据净库存在期货市场上进行买入卖出保值，秉持“只赚取加工费，防止投机”的理念，使公司经营业绩稳定增长。

四、如何运用期货工具规避 PTA 生产企业经营的风险点？

企业经营的风险点在于采购与销售不平衡时承担 PTA 价格波动带来的风险。从产业链来看，PTA 企业采购通过原油至石脑油工艺路线生产出来的 PX 原料加工成 PTA，并提供给下游聚酯企业。根据不同的 PX 定价方式，PTA 生产企业面对的风险不同，具体情况可参考表 5－1。

表 5－1　　PTA 企业上下游定价情况

PX 定价方式	PTA 生产企业所处的位置及风险	聚酯切片和各类涤纶产品的定价
合同以长单为主	采购与销售不平衡时	原材料价格＋加工费
少量国内临单：当日现货价	承担 PTA 价格波动带来的风险	

PTA 生产企业对于原材料的采购采用国内长单、国内临单、国外长单和国外临时采购四种方式。

1. 国内长单：向国内大的 PX 厂和贸易商签订一年以内的长期合同，按月分批发货。价格为合同约定发货月当月现货平均价加上升贴水。

2. 国内临单：即国内即时采购。因为 PX 厂商主要供应合同货，零卖的较少，所以采购较为麻烦。

3. 国外长单：向国外 PX 生产厂商或贸易商采购，签订一年以内的长期合同，按月分批发货，大部分采用信用证结算。

4. 国外临时采购：采购的价格和定价方式与国外长单基本一致，但特点是一批一个合同，运保费一批一定。

生产经营采用“以销定产”的经营方式，产品销售采用“原材料＋生产费用”的定价模式，原材料价格基本能转嫁给下游客户，因此，从理论上说，公司不会受到PX价格和PTA价格波动的影响。但在实际的生产经营过程中，如公司的原材料采购与产品销售不能够做到对应平衡，或者由于下游销售压力较大，成本无法顺利转嫁的情况下，就面临PX和PTA价格波动的风险。

PTA产品原材料成本占销售价格的80%～90%，PTA生产商有必要对存货与订单进行管理，需要在期货市场上进行保值。因此，PTA生产商基本上自2006年开始制定《净库存风险控制管理办法》，控制原材料采购与产品定单之间的最低差量。

五、PTA生产企业如何选择套期保值模式？

套期保值模式的选择主要根据净库存来确定。经营过程存在的风险，主要是源于原材料采购与订单之间的不平衡，因此PTA生产商需制定净库存风险管理办法，据此来决定买入卖出保值的量。

《净库存风险控制管理办法》的内容可参照如下：通过在采购和销售环节中采用不同的PTA价格确定方式，有机地结合期货保值，把承担PTA价格涨跌风险的数量控制在企业能够承受范围之内。净库存的准确计算公式为：

本日净库存＝前日净库存＋[本日定价的原材料采购量（含外购产品）＋本日期货多头保值数量]－（本日定价的订单数量＋本日期货空头保值数量）

若用上述公式计算得出的数量小于0，即负库存时，买进期货；而突破了企业能够承受范围时，卖出期货，以此来控制库存。

六、PTA生产企业套期保值的操作流程是怎样的？

因为期货保值主要按照净库存的数量来进行操作，所以在确定PTA

价格的订单发生后，先通过采购定价和订单销售定价来调节，计算净库存量。

本日净库存公式中的数量是以确定 PTA 价格为计算前提的，不管是采购或销售，只要是已确定了价格的，均在净库存中增加或减少。公式中本日可能是当天上午，一旦有采购数量或销售数量发生，库存即要进行调整。

在接销售订单时，为了减少客户因 PTA 价格波动而带来的风险，通过《净库存风险控制管理办法》，在没有增加公司成本和风险的前提下，按客户的信用等级的不同，给他们匹配不同的 PTA 价格确定方式。

在具体操作中，尽量通过采购定价和订单销售定价来调节平衡，从而控制净库存数量。采购销售调节平衡后还达不到净库存的要求数量范围内，就在期货交易所即时买入或卖出超出范围的数量。

七、PTA 生产企业如何提高风险控制能力？

PTA 生产企业的内控制度应该较为严格，应奉行“只赚取生产利润，防止投机”的经营理念，建立一套比较完善的风险控制办法。

首先建立并不断完善《净库存风险控制管理办法》。利用 PTA 生产企业在 PX 采购中的多种定价方式和产品销售中给客户的多种 PTA 价格确定方式，与期货套期保值有机结合。其次 PTA 生产企业需制定与此相配套的针对 PTA 价格大跌时预防客户毁约的控制办法。最后需制定严格的应收账款回收制度，参照金融系统的客户授信方法，通过对新客户信用度的多层次调查了解，建立客户信用等级制度；确定责任人，签订责任协议，建立相应的奖惩制度；将应收账款收回情况同销售人员收入密切挂钩；优化客户结构，及时淘汰有潜在风险的客户，确保公司的应收账款质量良好，保证资金链的安全。

八、PTA 生产企业如何进行信息披露与会计处理？

企业在定期报告和临时报告中均需对参与套期保值和净库存管理办法等内容进行说明，会计处理应谨慎严密。

九、PTA 生产企业如何应对 PTA 价格下跌？

当 PTA 价格可能面临下跌时，很多企业库存上的亏损十分巨大，若企业库存高企，资金占用量大，会使企业雪上加霜，在这种情形下有以下两个对策。

第一，在期货市场上做空一定头寸的 PTA 期货，同时对现货降价促销，待销售完成，买平相应的空头头寸，这样可以用期货盈利弥补现货亏损。操作策略参考表 5－2。

表 5－2　　对策一

时间段＼市场	期货市场	现货市场
套保前	卖出相应的空头头寸	降价促销
套保后	买平相应的空头头寸	销售完成
结果：期货盈利弥补现货亏损，销售可能不均衡		

第二，在期货市场卖出相应的空头头寸，在现货市场对客户进行点价销售，之后期货市场买平相应的空头头寸，现货市场客户点价这种方式也是用期货盈利弥补现货亏损，客户有选择权，易于接受，销售均衡。操作策略参考表 5－3。

表 5-3　对策二

市场 时间段	期货市场	现货市场
套保前	卖出相应的空头头寸	对客户点价销售
套保后	买平相应的空头头寸	客户作价
结果：期货盈利弥补现货亏损，客户有选择权，易于接受，销售均衡		

十、PTA 生产企业如何应对 PTA 价格上涨？

当 PTA 价格上涨，合同量增，库存较低，利润下降时，PTA 企业如何应对？

以 2018 年第三季度 PTA 市场价格持续上涨为例，行业经历长达近三年的去库存后，6 月底高温天气影响 PTA 装置出现意外检修情况，供给意外减少。在低库存及供给减少的背景下，下游受中美贸易战缓和影响，订单逐步恢复，下游聚酯企业执行采购合约货的量增加，PTA 现货市场变得紧张。

这时 PTA 企业由于生产不足，现货市场供货紧张。企业可以在期货市场上买入相应的多头头寸，当现货市场回购现货满足合约货供时，卖平相应的多头头寸。这样生产企业通过期货市场既可以满足合约货客户稳定货源，又规避因现货市场回购不及时导致生产利润下降的风险。操作策略参考表 5-4。

表 5-4　操作策略

市场 时间段	期货市场	现货市场
套保前	买入相应的多头头寸	满足客户需求
套保后	卖平相应的多头头寸	库存回到正常
结果：期货盈利弥补库存亏损		

以上的操作都是有现实意义的。对于PTA企业来讲，期货市场一方面可以实现相应现货头寸的保值，另一方面保证金交易增加了盈利的可能性。在成熟的市场经济体系里面，大宗商品产业链上的经营者都是期货市场的参与者。规避价格波动风险，是期货最原始的功能。

十一、PTA生产企业如何运用期货工具开辟销售渠道？

对于PTA生产企业而言，如果市场形势不明朗时，特别是当PTA行情走低时，市场往往“买涨不买跌”，下游采购热情低下，企业库存压力会升高，经营难度会加大。其实如果PTA行情下跌或呈震荡态势时，PTA生产企业可以运用期货市场作为另一销售渠道。风险控制方面，抛出以后如果价格上涨，那么确保足够的保证金，注册仓单进行实物交割，实现稳定销售；若价格出现回落，则在期货市场上直接买入平仓了结，获利结束交易，也可以继续持仓到交割。

案例5-1

运用期货工具开辟销售渠道

2018年上半年受成本端PX价格上涨及人民币贬值影响，PTA内盘现货整体走势表现较为强势，但国庆节过后涤纶厂产销率平均下滑至50%～60%，成交以刚需为主，后市PTA面临下跌的可能。PTA生产企业与下游签订的合约货，在买涨不买跌的背景下，下游聚酯企业一再延后提货日，在此情况下PTA生产企业决定在2018年10月12日以期货市场TA1901的价格在7420元/吨建仓卖出100手，当时现货价格7895元/吨，期现价差在475元/吨的水平；11月5日，下游聚酯企业因终端交货日期临近，于是前来拿货500吨，PTA工厂以6945元/吨的价格卖出500吨现货，同时将TA1901合约以6756元/吨的价格平仓100手。操作策略及盈亏情况如表5-5

所示。

表 5－5　　操作策略与盈亏情况

日期	PTA 现货	期货 PTA1901
2018 年 10 月 12 日	500 吨现货价 7895 元/吨	以 7420 元/吨卖出 500 吨
2018 年 11 月 5 日	以 6945 元/吨销售 500 吨	以 6756 元/吨买平 500 吨
总盈亏	(6945－7895)×500＝－47.5 万元，即亏损 47.5 万元	(7420－6756)×5×100＝33.2 万元，即盈利 33.2 万元
	现货端＋期货端＝－47.5＋33.2＝－14.3 万元	

该 PTA 生产企业通过卖出套保 500 吨 PTA 获利 33.2 万元，从而弥补了现货市场因 PTA 跌价造成的库存损失 47.5 万元，期货盈利弥补了部分现货销售的损失，虽然未能完全套保，但也使 PTA 企业将亏损从 47.5 万元缩小至 14.3 万元。

十二、PTA 生产企业如何运用期货工具进行库存保值？

案例 5－2

运用期货工具进行库存保值

2020 年 2 月，受新冠肺炎疫情影响，下游聚酯企业取消订单，均不采购 PTA 合约货，PTA 生产企业库存高企。面对原油深度调整，下游聚酯企业开工来应对下调带来的成本坍塌和需求急剧萎缩的双重风险，PTA 库存不断提升，PTA 生产企业面临有史以来最严峻的生存环境。此种情况出现后，PTA 企业的销售总监想到了利用期货市场建立虚拟空头头寸，削减实际库存来降低部分风险的方法。一方面通过期货市场尽可能地降低实际库存，另一方面可以通过交割销售现货，对于保值和缓解资金压力都是非常适合的方式。这期间，该客户于 2 月 28 日，在 TA2005 合约上总共进行了 400 手的卖出操作，平均建仓价格在 4402 元/吨左右。之后欧美新冠肺炎疫情严重，原油价格一路狂跌，PTA 产业链上下游产品跟跌，4 月 2 日下游一聚酯企业见 PTA 价格创历史新低，于是找到该 PTA 企业，以 3125 元/吨的现货价格成交，与此同时，PTA 企业在 PTA1901 合约以 3222 元/吨的价格全部平仓了结头寸，该过程如表 5 - 6 所示。

表 5 - 6　操作策略与盈亏情况

时间及盈亏	PTA 现货	期货 PTA1901
2020 年 2 月 28 日	2000 吨现货价 4270 元/吨	以 4402 元/吨卖出 400 手
2020 年 4 月 2 日	以 3125 元/吨销售给下游	以 3222 元/吨买平 400 手
盈亏情况	(3125 - 4270) × 400 × 5 = - 229 万元，即亏损 229 万元	(4402 - 3222) × 400 × 5 = 236 万元，即盈利 236 万元
	现货端 + 期货端 = - 229 + 236 = 7 万元	

此次交易使现货市场损失 229 万元，但期货市场盈利 236 万元，期货市场盈利完全冲抵现货市场亏损后盈利 7 万元。通过此次套保该 PTA 生产商充分体会到期货保值可以有效规避和控制企业自身经营过程中的风险。这次成功的套期保值从源头上让企业的高层领导认识到了期货市场的功能和对实体企业经营的帮助。在这之后，企业懂得了将实体经营与虚拟头寸进行组合，从现货、期货两个层面上进行企业经营管理和运作，提高自身抗风险的能力。如果该企业未遇到下游企业的抄底订单，则也可以直接进入交割月份，将 PTA 工厂的库存运到交割仓库注册仓单，进行交割。

十三、PTA 贸易商如何运用期货工具？

一般而言，传统贸易商主要采取的是投机性操作，根据对后市价格走势的判断进行低买高卖，在极端行情中容易承受过多的风险，主要是买卖难以同时成交，且在配对数量和配对价格方面经常出现错位和不匹配。而期货市场的优势恰恰是在成交的效率上。在贸易商看多的情况下，在期货市场上操作非常便捷，贸易商可以在办公室完成整个流程，也就是说可以将期货市场作为一个仓库来操作，看涨时买入期货合约进货，等待高价卖出，看跌时卖出期货合约清空仓库，这样也可节省贸易商自身的仓库建设费用。PTA 贸易商通常采用规范的套期保值操作，比如在低基差时，通过现货仓库入库进货，期货市场上抛出等量的 PTA 现货建立期现头寸，等待基差走强时，平仓期货且同时销售现货，从而赚取利润。相比于生产企业，贸易商的操作更为灵活。

十四、PTA 贸易商在销售环节会遇到哪些问题？

PTA 企业在销售环节中面临的问题有：

1. PTA 价格下跌的时候，下游聚合工厂合同往往会减量甚至拒绝执行，这会导致 PTA 生产厂家的库存高企，面临资金占用和库存折价风险。

2. PTA 价格上涨的时候，下游聚合工厂合同往往会增多，此时工厂库存低于正常水平，利润下降。

十五、PTA 贸易商在经营中较为关心的问题有哪些？

一般情况下，PTA 贸易商在生产经营中较为关心的问题有三个：一是规避库存的风险；二是获取稳定的经营利润；三是维持上下游客户关系。

就规避库存风险而言，期货工具无疑是较为合适的，如果库存积压较多，而行情后市看跌，那么可选择在期货市场上进行卖出操作。就获取稳定的经营利润而言，在行情看好的时候进行低买高卖操作可以获得价差利润，从而保证企业的生存与发展。就维持上下游客户关系而言，贸易商必须每月维持稳定的现货贸易量，从而保证渠道的顺畅和客户的稳定，这就意味着在行情持续看跌走低的时候，贸易商仍然不得不进行买入现货并卖出现货的操作，由此面临风险敞口和价格下跌的风险，所以在熊市中，贸易商的套保需求将更为迫切。

十六、PTA贸易商在生产经营中如何定位套期保值？

由于PTA属于石化类大宗商品，其价格波动经常比较剧烈，买卖价差波动幅度也常常较大，给贸易商提供了获利的空间，但获利空间大同时也意味着亏损可能性也大，因此需要采取措施严格控制经营风险。由于期货市场保证金操作的杠杆效应，会使得资金利用效率大大提高，同时也放大了风险，因此需要有严格的期货交易制度和条例，防止企业在期货市场中觊觎投机利润而去追涨杀跌，我们应该报以理性目光，去进行价值投资，预防投机风险。

十七、PTA贸易商如何选择套期保值模式？

套期保值模式的选择主要根据净库存量来决定。针对贸易企业经营过程中存在的风险，主要是来自原材料采购与订单之间的不平衡，PTA贸易商需制定《净库存风险控制管理办法》，据此来决定买入卖出保值的期货头寸数量。《净库存风险控制管理办法》的内容可参照如下：通过在采购和销售环节中采用不同的PTA价格确定方式，有机地结合期货保值，把承担PTA价格涨跌风险的数量控制在企业能够承受范围之内。

十八、PTA 贸易商如何进行套期保值操作？

与生产厂商利用 PTA 期货套保类似，贸易商也需要根据净库存量确定套保头寸。这里的数量是以 PTA 价格确定为计算前提，不管是采购或销售，只要是已确定了价格的，均在净库存中增加或减少。公式中本日可能是当天上午，一旦有采购数量或销售数量发生，即要调整库存。

为了减少客户因 PTA 价格波动而带来的风险，就要按照《净库存风险控制管理办法》，在不增加公司成本和风险的前提下，按客户的信用等级，给他们匹配不同的 PTA 价格确定方式。在 PTA 下游端，工厂与下游聚酯厂家多以全年合同确定价格，PTA 厂家与聚酯厂家一般会在上年底谈定 PTA 合同采购事宜，而具体每月的采购量并不确定，下游聚酯厂家会根据自身情况及当时市场行情自行决定当月采购量，而 PTA 厂家会根据下游 PTA 买家的实际采购量确定价格级别，一般采购量大的价格优惠幅度也会较大，往往在年底按实际全年采购量给予一定的返利。对于采购量大的买家，每吨 PTA 总返利水平有 200 元左右。下游聚酯每月合同量的多少，会结合当月预期合同结算价与现货实际价格水平来决定。而 PTA 厂家会根据客户的信用情况，结合多种 PTA 价格确定方式来制订方案。在具体操作中，尽量通过采购定价和订单销售定价来调节净库存的平衡。采购销售调节平衡后，若超出净库存的可控制范围，需要结合 PTA 行情发展趋势，以超出净库存平衡的数量为限，选择即时买入或卖出的套保方式。

十九、PTA 贸易商如何提高风险控制能力？

PTA 贸易商是市场的中间商，贸易商的存在便利了 PTA 上下游之间的买卖，对 PTA 商品的流通作出贡献。其收益来源主要为买卖价差，风险敞口较大，需要更为严格的内控制度，应奉行“只赚取应有利润，防止过度投机”的经营理念，建立一套比较完善的风险控制办法。

首先，应当建立并完善一套《风险控制管理办法》。其次，PTA 贸易商需制定针对 PTA 价格大跌或大涨时预防客户毁约的控制办法。最后，需制定严格的应收账款回收制度，参照金融系统的客户授信方法，通过对新客户信用度的多层次调查了解，建立客户信用等级制度；确定责任人，签订责任协议，建立相应的奖惩制度；将应收账款回收同销售人员收入密切挂钩；优化客户结构，不断淘汰有潜在风险的客户，确保公司的应收账款质量良好，保证资金链的安全。

二十、PTA 贸易商如何进行信息披露与会计处理？

PTA 贸易商在定期报告和临时报告中均需对参与套期保值和净库存管理办法等内容进行说明，会计处理应谨慎严密。从目前的执行情况看，由于贸易商平时操作的依据是价格波动，并以此计算成本和收益，而且贸易商大多是些小规模的民营企业，资金调度便利，因此在会计处理上比 PTA 生产商和消费商要灵活。

二十一、PTA 贸易商如何进行期现套利？

在期货市场上，现货的价格低于期货的价格，则基差为负数，这种情况称为“期货升水”“现货贴水”。远期期货的价格高于近期期货的价格，这种情况叫“远月升水”，也称“近月贴水”。远期期货价格超出近期期货价格的部分，称“期货升水率”。如果远期期货的价格低于近期期货的价格、现货的价格高于期货的价格，则基差为正数，这种情况称为“远月贴水”“期货贴水”，或称“近月升水”“现货升水”，远期期货价格低于近期期货价格的部分，称“期货贴水率”。

期现套利是利用同一种商品在期货市场与现货市场之间的不合理的价差，通过低买高卖而获利。理论上，同一时期同一商品现货价格减去期货价格的价差，即基差，应该等于现货持有至期货合约到期后的持有成本。当期货价格与现货价格的价差高于持有成本（包括运输成本、入库成本、仓储成本、资金成本、质检成本、交易交割手续费等），就会存在买进现货同时卖出期货的获利机会，这促使两者之间的价差重新回归至正常水平区间。

期现套利主要包括正向买进现货抛期货和反向买入期货抛现货两种套利模式。正向期现套利是指当期货价格大于现货价格，且该价差大于现货持有至期货合约到期的持有成本时，则套利者存在进行正向期现套利的机会。即买入（持有）现货的同时卖出同等数量的期货，等待期现价差收敛时平掉套利头寸或通过交割结束套利。这种情况适合 PTA 贸易商，因为贸易商的经营模式就是通过低买高卖赚差价，这种经营模式和期现正套的交易流向是同向的。反向期现套利是指当期货价格低于现货价格时，构建现货空头和期货多头的套利行为。

案例 5－3

期限套利

青岛嘉德瑞工贸易有限公司以 PTA 销售为主营业务，通过采购上游 PTA 工厂的合约货以及在市场中采购现货来获得货源，销售给聚酯工厂和其他贸易商。在日常经营中，公司期货部主要运用 PTA 期货进行套期保值，避免价格波动的风险并锁定利润。依托公司的贸易渠道及资源寻找市场中的期现套利、跨市套利和跨期套利机会，将 PTA 期货和现货紧密地结合在一起。

2015 年 1 月，PTA1505 合约与现货之间的基差达－250 元/吨以下。2015 年 2 月 26 日，PTA 基差达到了－250 元/吨附近，此时距离交割日还有

82 天，如果拿了 PTA 现货注册成仓单持有到交割月，年化收益率将比较可观。嘉德瑞果断从现货市场以 4680 元/吨的单价买入 5000 吨现货，在 TA1505 上以 4940 元/吨的价格抛出 1000 手，入场基差为 -260 元/吨，套利成本为 78 元/吨（见表 5-7），无风险套利收益为 182 元/吨，仓单注册成功后折抵期货保证金，则一吨 PTA 实际所占用资金为 4680 元，如果到期交割年化收益率为 17.31%（182/4680/82×365×100%）。最后由于基差提前回归，嘉德瑞并未进行交割，年化收益率比预期的还高。

表 5-7　　PTA 套保成本

成本类型	预期费用（元/吨）
交易交割手续费	3
运输费	10
仓储费	0.5×82=41
质检费	0（免检品牌）
入库费用	24
合计	78

注：以上案例摘自郑州商品交易所 PTA 宣传手册。

二十二、PTA 中游贸易商如何做正向套利？

跨期套利是指同一市场同时买入、卖出同一商品在不同交割月份的期货合约，以期望跨期价差从不合理恢复到合理的过程而获利的交易方式。和其他类型的套利类型，如跨品种、跨市相比，跨期套利是同一品种不同合约之间的交易操作，其相关性、逻辑性更强。跨期套利中包含以下三方面的信息：一是同一市场，指同一期货市场。PTA 跨期套利，是指对在郑州商品交易所中交易的不同交割月份的 PTA 合约进行套利。二是同时买入和卖出，这是满足套利交易的条件，包括开、平仓。三是获利的方式既可以选择盘面平仓处理，也可以在出现跨期价差向相反预期的方向走时，进入实物交割环节。

跨期套利按时序结构来划分，可以分为正向套利与反向套利。正向结构即 Contango 结构，期货远期升水，即远期价格高于近期价格，理论上商品期限结构处于这种情况，因为远期交割的商品会产生资金利息和仓储等费用。反向市场结构即 Backwardation 结构，期货远期贴水，即远期价格低于近期价格。一般是由于商品短期出现供需缺口、突发事件等因素影响，导致近期价格高于远期价格。对于跨期套利者而言，正向市场结构较为安全，因为即使因市场走势与预期相反造成盘面浮亏时，也可以通过进入实物交割环节，获取无风险套利机会。

PTA 贸易商什么时候参与正向套利比较合适？当 PTA 的期现结构处于正向市场结构，同时 PTA 面临基本面近强远弱的情形，就存在期货市场上进行买近抛远的基础。在此基础上，一般贸易商会通过计算近期远期之间的无风险套利成本去对比近远月价差，如果价差可以覆盖掉无风险套利的成本，则贸易商一般会参与正向套利获利。

正向套利如果持有并进入交割环节可能面临的风险有两点。一是财务风险，在持有至交割过程中，随着交割日的临近，保证金比例会大幅提高，交易保证金要占用大量资金。二是交割规则风险，由于 PTA 仓单每年 9 月要将合约集中注销，重新注册时需要满足“国内生产日期超过 90 天的境内生产的 PTA 和自境外发运之日起超过 60 天的进口 PTA，仓库不得接收入库”要求，如果接到的 09 合约中有不满足重新注册仓单要求的旧货，就不能交货，因此贸易商面临将旧货换成符合交割标准的 PTA 的问题。

二十三、PTA 生产企业及贸易商与下游企业如何进行点价交易？

点价交易是指以某月份的期货价格为计价基础加上双方协商同意的升贴

水（基差）来确定现货价格的交易方式。由于期货市场具有连续性、公平性、时效性等特点，产生的价格最接近市场均衡价格，因此利用期货市场确定价格的这种点价方式，是公开、权威、透明的，对贸易双方最公平。更重要的是，在应用点价方式的同时，企业进行合理的套期保值，可以让点价交易双方在不同的价位完成商品的购销。定价公式：现货价格 = 期货价格 + 升贴水（基差）。

在 PTA 点价过程中，首先，PTA 生产企业通过采购的原料来核算生产成本，同时在期货市场上进行卖出套保。其次，需确定升贴水，生产企业结合现货价格、加工费等确定升贴水报给聚酯工厂，同时聚酯工厂及贸易商递盘报升贴水给 PTA 企业或贸易商进行配对。再次，聚酯工厂与 PTA 企业升贴水报价撮合配对成功后，聚酯工厂在点价期内通过期货市场进行点价，确定结算价。PTA 生产企业在聚酯工厂点价时逐步平仓相应的卖出套保头寸。最后，双方在现货市场进行交割、结算。下文我们通过 2018 年的一个案例进行详细说明。

案例 5 -4

点价交易

2018 年 10 月 15 日，一家下游聚酯企业计划采购 1000 吨 PTA 原料用于一周后的生产。当天现货价格 7500 元/吨，期货 PTA1901 合约为 7400 元/吨，基差为 100 元/吨，聚酯厂家判断国庆节后下游需求可能疲软，不及预期，后市价格有进一步下跌的可能，判断基差也会进一步走弱。PTA 厂家报盘 10 月 24 日交货的报价为 PTA1901 +50 元/吨，聚酯厂家觉得这个价差较为合理，于是按这个价格与 PTA 企业签订合约，约定按 PTA1901 +50 元/吨的价格在一周后交付货款，同时 PTA 厂家交付 1000 吨的货。如表 5 -8 所示，10 月 15 日，签订合约当日，PTA 工厂在期货合约 PTA1901 上进行卖出套保，卖出价 7400 元/吨。到期前，聚酯企业对 1000 吨 PTA 在 PTA1901 合约上进行点价，PTA 厂家逐步平仓，经过累计点价，点价均价为 6900 元/吨。于是在 10 月 24 日按 6900 +50 =6950 元/吨的价格进行结算，结算当天华东市场现货均价为 7100 元/吨，聚酯厂家将点价多单转移给 PTA 企业，盘面平仓了结。

表 5－8　　点价操作策略与盈亏情况

时间及盈亏	流程	操作	备注
2018 年 10 月 15 日	签订合同，向聚酯工厂报 50 元/吨升水	PTA 工厂在 7400 元/吨建立卖出套保头寸	升水包含运费、PTA 工厂利润
2018 年 10 月 24 日	聚酯工厂在约定期限内完成点价	点价均价为 6900 元/吨	实际点价价格为 6950 元/吨
盈亏计算	与现货均价相比，聚酯工厂采购 1 吨 PTA 降低成本：7100 － 6950 = 150 元，PTA 工厂销售 1 吨 PTA 的额外盈利为：7400 － 7100 + 50 = 350 元		
说明	10 月 15 日至 10 月 24 日，现货均价按 7100 元/吨计算，升贴水依据实际情况设定		

二十四、点价交易过程中应该注意的风险有哪些?

点价模式的风险主要来自基差风险。当聚酯工厂进行点价买入时，一般偏向于谈判比现在更低的升贴水，而 PTA 企业需要在聚酯企业进行点价的同时在盘面抛空相对应的出货量，等待合约约定到期日的几天时间里，聚酯工厂在盘面平仓期货多头头寸，同时接 PTA 企业的现货，PTA 企业与此同时也买入平仓。这里切记聚酯及 PTA 企业一定要同步进行操作，否则会增加交易成本。

点价模式的另一个风险点来源于聚酯工厂在有限的期限内没有进行点价，如果价格上涨，那不得不增加原料采购成本。当然不止有点价交易一种模式，企业还可以根据实际运营情况，制订相应计划，将价格上涨的风险，转移至下游需求端。

二十五、我国有哪些PTA外资供应商?

我国曾是世界最大的PTA进口国，随着国内产能、产量迅速提升，改变了原有的世界PTA贸易格局。2013年后，中国PTA进口量快速萎缩，大量的新建产能替代了原有的进口量。2013年以前PTA进口主要来源于韩国、中国台湾、泰国、日本、伊朗、印度尼西亚等国家和地区。这些国家和地区，由于石化下游产业不配套或当地纺织业转移等原因，对PTA的需求量没有我国大，所以其PTA产品主要出口到中国境内。过去的主要供应商包括韩国的三南、三星石化、KP化学、SK化学、晓星、泰光等；中国台湾地区的中美和、台湾化学、杜邦、东帝士、英威达远东；日本的三菱、三井；印度尼西亚的PERTAMINA、POLYPRIMA、POLYSINDO公司；泰国东展；马来西亚BP；其他还包括中东地区和印度的供应商等。随着中国聚酯工业的高速发展，国内PTA的自给率不断提高，外资供应商的原有优势在装置单位成本竞争力下降的情况下开始逐步变弱，他们的市场份额呈持续下降的趋势。

二十六、PTA商社和代理商的具体情况是怎样的?

商社和代理商在行业中所起的作用是增加市场流动性、承担价格风险、投机参与市场、低买高卖、博取差价。这些机构有的是自己订立长期外盘合同，在国内市场进行下游销售或现货销售；有的作为外资供应商的窗口公司专门从事代理取得代理收入，其中有小部分代理商带有自营的性质。这些代理商利用自己在产业贸易中的信息优势和上下游渠道在合适的时机进行投机贸易，是早期的主要投资商，近年来，他们对价格的影响力在下降。这些公司以韩国、日本的商社为主导，他们往往是综合性经营机构，PTA 只是他们业务中的一小部分。

随着近年来国内 PTA 产能的不断扩充，国内 PTA 工厂基本以合同销售为主导，由于供应和合同价格的相对稳定，波动减少，大的贸易机会也逐渐减少。PTA 商社和贸易商面临的问题是，现货市场在行业中的贸易比例开始缩小，贸易机会逐渐减少，机会难以把握。

二十七、国外 PX 供应商和贸易商的具体情况是怎样的?

随着我国 PX 产业快速发展，进口依存度快速下降，目前每年的表观需求量有 2600 多万吨，除国内 1400 多万吨的产量外，仍有三成多的进口量，而进口以国外 PX 供应商和贸易商为主。亚洲 PX 市场是一个寡头市场，主要供应商有埃克森美孚、日本能源、日本出光、新日本石化等，他们是传统意义上的主流供应商。市场的主要定价方式是 ACP，即亚洲合同价格体系，他们四个主要厂家控制着该体系价格在亚洲的表现，国内的厂家基本无定价主导权。由于 PX 合同货比例较大，所以 PX 的贸易比例相对比较少。贸易商主要是韩国、日本等地的外资公司，国内鲜有贸易公司介入该领域，PX 作为一个处于产业链相对上游端的产品，信息和圈子相对固定，外在介入有一定难度。

二十八、PTA 商社和代理商如何应用期货工具?

无论参与期货的企业是什么样的定位，其参与期货都应以回避现货价格风险为目的。买卖都是以数量相等、方向相反，以盈补亏为基本原则，广义上讲是控制原材料或产品的价格波动风险。另外，还可有效进行库存管理。套期保值的原理也无外乎期货价格和现货价格的走势相近，随着期货合约到期日的临近，两者趋向一致。PTA 作为唯一的上市品种，境外 PTA 生产商和贸易商及产业链企业将避险需求都寄希望于郑州商品交易市场，外资的进入也是国内期货市场发展的内在要求。

二十九、PTA 商社和代理商如何应对 PTA 价格下跌？

当 PTA 价格持续下跌时，市场信心往往受挫，买家观望情绪上升，“买涨不买跌”的规律使 PTA 销售困难加大。在这种情况下，PTA 库存高企，资金被占用，库存贬值。而当这种情况出现时，建议其利用期货市场规避这种风险。套保思路主要有两种，对策一参考表 5－9，用期货盈利弥补现货亏损。对策二参考表 5－10，用期货盈利弥补现货亏损，客户有选择权，易于接受，销售均衡。

表 5－9　　对策一

期货市场操作方式	现货市场操作方式
卖出相应的空头头寸	降价促销
买平相应的空头头寸	销售完成

表 5－10　　对策二

期货市场操作方式	现货市场操作方式
卖出相应的空头头寸	对客户点价销售
买平相应的空头头寸	客户作价

三十、PTA商社和代理商如何应对PTA价格上涨?

当PTA价格持续上涨时，市场信心恢复，投资性需求也随之增加，“买涨不买跌”的规律使PTA销售形势好转。在这种情况下，PTA采购不足，贸易囤货不足，现货难觅，市场机会难以有效把握。当这种情况出现时，完全可以利用期货市场规避这种风险。

对策参考表5－11，企业通过期货市场买入多头到期平仓，赚回利润或者减少损失。

表5－11 操作思路

现货市场状况	期货市场操作状况
PTA采购不足	买入相应的多头头寸
PTA采购充足	卖平相应的多头头寸

三十一、PTA商社和代理商如何应对PTA期货高升水?

当期货市场的合约价格远高于现货价格的时候，有资金实力的贸易商可以通过采购现货、抛售期货的方式来进行期现市场上的套利操作。

操作思路：通过期现套利获取稳定收益。收购现货，如果扣除发生交易费、检验费、入库费、仓储费、交割费、增值税等费用后，依然与合约的合理价差之间存在一定差距，就可以考虑采用期现交割套利操作。利用有物流做支撑的无风险套利机会去赚取中等收益的投资机会。操作策略参考表5－12。

表 5－12　　操作策略

现货市场策略	期货市场策略
PTA 现货采购合同敲定	卖出相应的空头头寸
PTA 采购、入库做仓单	持有相应期货头寸择机平仓或交割

三十二、PTA 商社和代理商如何应对 PTA 期货合约之间的不合理价差?

当期货市场的几个合约之间的价差处于非正常水平时，在正价差过大的情况下，可以进行正向的跨期套利。我们将在优化库存管理部分中讨论反向套利。

对策：一般情况下，在上涨情形中，价差在一定时间内回归居多；多数头寸都是平仓了结，只有极小部分做交割了结。操作策略参考表 5－13。

表 5－13　　操作策略

交易思路	买入近月合约	卖出远月合约
价差缩小：获利平仓	平仓该多头	平仓该空头
价差扩大：持有交割	持现货交割	持有空头交割

在以上各方面的交易过程中。关键是计算各项成本和中间费用，动态跟踪合约走势。第一种投资机会相对较少，收益一般，风险中等，并且参与者最好有产业链的背景，需要注意抛售技巧和增值税的管理；第二种投资机会比较多，收益有的时候非常可观，但收益与风险的比值相对较高。当拥有两个以上成交量和持仓量都比较大的合约，操作起来才更有效。

三十三、PTA 的融资套现是如何进行的?

随着国内宏观调控的不断深入和货币政策的从紧，以融资为目的的大宗商品进口又悄然兴起，其中矿产、金属、化工品已经成为贸易商青睐的融资工具。贸易商选择到国外市场进口，然后在国内市场抛售兑现，以改善资金紧缺的现状。

国内期货市场上融资商介入比较普遍的上市品种是锌、铜、PTA、塑料等产品，这些产品的价格长期内外盘倒挂，并且随着国内利率的上升，内外价差也不断扩大。

内外盘交割：采购国际市场的美金货物（PTA 进口来源一般都是周边亚洲国家的近洋货），进口到国内报关以后以人民币形式抛售（从采购到销售一般需要一周左右时间），取得人民币信用证期（一般 90 天）期间，取得占总价值的 50% ~70% 量的货款，资金成本由内外价差决定。这种采购主要是近洋货，或者保税货，时间和价差是他们最关心的问题。

早期的融资大部分是通过这个渠道进行的，大部分的聚酯工厂都是超额进口，部分自用部分融资；主要资金押在保证金、进口关税、增值税上，一般占 30% ~50%；融资商需要派专人进行产业链贸易，寻找卖家和买家，时间和成本较大。参与这种融资的也有部分产业外的企业，还有部分是大贸易商联合融资商，也有工贸一体化的工厂，不过随着价差的扩大，高额的资金成本令太多的人转变方向，寻找其他更佳途径。

自测题

一、填空题

1. 套期保值是指以回避________风险为目的的期货交易行为。

2. 期货市场的基本经济功能之一就是其价格风险的规避机制，而达到此目的可以利用的手段就是进行________。

3. 在________不变的情况下，只有当现货市场和期货市场买卖的商品数量相等，两个市场的盈亏才会相等。

4. 如果违反了期货市场套期保值的________的原则，则不仅达不到规避价格风险的目的，反而增加了价格风险。

5. 套期保值者的原始动机是________。

6. 用简单公式表示：基差 = ________。

7. 在正向市场中，期货价格高于现货价格的部分与______的大小有关。

8. 基差为正且数值越来越大，或者基差从负值变为正值，或者基差为负值且绝对数值越来越小，我们称这种基差的变化为基差________。

9. 基差为正且数值越来越小，或者基差从正值变为负值，或者基差为负值且绝对数值越来越大，我们称这种基差的变化为基差________。

二、判断题

1. 在基差交易中，掌握叫价主动权的一方需要进行套期保值。（　　）

2. 套期保值的效果和基差的变化无关，而与持仓费有关。（　　）

3. 在期转现交易中，交易双方可以用仓单期转现，也可以用仓单以外货物进行期转现。（　　）

4. 如果期货价格上升，则基差一定下降。（　　）

5. 在基差交易中，无法掌握叫价主动权的一方需要进行套期保值。（　　）

6. 通过期货市场，PTA 生产企业可以进行卖出操作开辟销售渠道、降低库存风险，并且可以在检修期进行买入操作建立虚拟产能。（　　）

7. 当 PTA 价格上涨，合同增量，库存较低，利润下降时，PTA 生产企业可以在期货市场买入相应的多头头寸，适当时再卖平相应的多头头寸，以期货盈利弥补库存亏损。（　　）

三、选择题

1. 2009 年 2 月郑州 PTA 市场的基差为 -250 元/吨，之后到 3 月基差变为 40 元/吨，这表明市场状态从正向市场转变为反向市场，这种基差变化是（　　）的。

A. 走强　　　　B. 走弱

C. 平稳　　　　D. 缩减

2. 套期保值是利用期货的价差来弥补现货的价差，即以（　　）取代现货市场的价差风险。

A. 期货风险　　　　B. 基差风险

C. 现货风险　　　　D. 基差安全

3. 多头套期保值者在期货市场采取多头部位以对冲其在现货市场的空头部位，他们有可能（　　）。

A. 正生产现货商品准备出售

B. 储存了实物商品

C. 现在不需要或现在无法买进实物商品，但需要将来买进

D. 没有足够的资金购买需要的实物商品

4. 期货交易中套期保值者的目的是（　　）。

A. 在未来某一日期获得或让渡一定数量的某种货物

B. 通过期货交易规避现货市场的价格风险

C. 通过期货交易从价格波动中获得风险利润

D. 利用不同交割月份期货合约的差价进行套利

5. 某加工商为了避免 PTA 现货价格风险，在郑州商品交易所做买入套期保值，买入 10 手期货合约建仓，基差为 -20 元/吨，卖出平仓时的基差为 -50 元/吨，该加工商在套期保值中的盈亏状况是（　　）。

A. 盈利 3000 元　　　　B. 亏损 3000 元

C. 盈利 1500 元　　　　D. 亏损 1500 元

6. 某多头套期保值者，用 PTA 期货保值，入市成交价为 6000 元/吨；一个月后，该保值者完成现货交易，价格为 6060 元/吨。同时将期货合约以 6100 元/吨平仓，如果该多头套保值者正好实现了完全保护，则保值者现货交易的实际价格应该是（　　）元/吨。

A. 6040　　　　B. 6060

C. 5940　　　　D. 5960

7. 亚洲 PX 的定价模式主要有以下三种：（　　）、KCP、KCP + A。

A. ACP　　B. BCP

C. ACF　　D. ACP + B

8. PTA 企业销售的合同货销售方式，一般参考内外盘现货（　　）来确定结算价，是目前的主流作价方式。

A. 报价　　B. 当月平均价

C. 上月结算价　　D. 下月结算价

9. PTA 贸易商主要是以 PTA 买卖为主营业务，就是向 PTA 生产企业采购 PTA，然后将采购的 PTA 转卖其他贸易商或下游聚酯工厂，通过买和卖的操作，从（　　）中获取利润。

A. 价差　　B. 成本

C. 盈利　　D. 亏损

10. 一般情况下，PTA 贸易商在生产经营中较为关心的问题有三个：一是规避（　　）的风险；二是获取稳定的经营利润；三是维持上下游客户关系。

A. 现货价格　　B. 期货价格

C. 库存　　D. 不确定

参考答案

一、填空题

1. 现货价格　2. 套期保值交易　3. 基差
4. 交易方向相反　5. 规避现货价格风险　6. 现货价格 - 期货价格
7. 持仓费　8. 走强　9. 走弱

二、判断题

1. 错　2. 错　3. 对　4. 错　5. 对　6. 对　7. 对

三、选择题

1. A　2. B　3. C　4. B　5. A　6. D　7. A　8. B
9. A　10. C

第六章

PTA 下游聚酯企业如何利用 PTA 期货

本章要点

本章主要介绍了 PTA 下游聚酯企业利用 PTA 期货的相关要点、参与套期保值的原则，以及如何为生产产品和生产原料等规避风险。

一、聚酯企业为何要进行期货交易？

由于聚酯生产的原料 PTA 和 MEG 现货价格波动较大，聚酯企业生产经营风险也非常大，特别是在行情持续下跌过程中，市场“买涨不买跌”的规律常常使聚酯产品大量积压库中，亏本降价促销是经常发生的事情。以往这种风险难以规避，自从 PTA 期货上市交易以来，业界对其的重视程度逐步加强。在激烈的市场竞争中，企业能否正确运用 PTA 期货进行套期保值，成为聚酯企业能否长久健康发展的关键。聚酯企业完全可以而且非常有必要参与 PTA 期货的交易，并要坚持以套期保值为主的原则，时机成熟时可考虑适当的套利等操作方式。

二、聚酯企业参与套期保值的原则有哪些？

因期货市场与现货市场产品相同或相关，会受基本相同的供求因素的影响和制约，因此一般情况下两市场的价格变化趋势会相近或相同，现货价格或期货价格会随着期货合约到期日的临近及套利交易等趋向一致。套期保值可以利用这种价格关系，分别在期货市场和现货市场做方向相反的买卖，取得在一个市场上出现亏损的同时，在另一个市场上盈利的结果，以达到锁定生产经营成本或收益的目的。

套期保值的主要原则是：

1. 品种相同或相关

聚酯企业的主要生产原料就是 PTA，完全可以直接为 PTA 做套期保值。而对于聚酯产品，除涤纶短纤上市期货可以直接用短纤期货套期保值外，其他聚酯产品因与原料 PTA 之间存在极强的相关性，可以通过 PTA 期货为聚酯产品做套期保值。

2. 数量相等或相当

聚酯企业在买卖 PTA 期货合约时，其量的大小要与其在现货市场上所买卖的 PTA 或聚酯产品的规模相等或相当。只有这样才能使两个市场上的盈利及亏损的数额相等或相近。

3. 月份相同或相近

聚酯企业在做套期保值时最好选取与其将来在现货市场上实际买进 PTA 或卖出聚酯产品相同或相近的时间。

4. 交易方向相反

聚酯企业在计划套期保值时必须同时或在相近时间内在现货市场上和期货市场上采取相反的买卖行动，即进行反向操作。只有这样，才能取得在一个市场上亏损的同时在另一个市场上必定会出现盈利的结果，实现两个市场盈亏冲抵，达到套期保值的目的。

作为套期保值的企业，交易方向相反的原则是绝对不能违背的。否则，或两个市场同时盈利或两个市场同时亏损，反而会加大风险。

三、聚酯企业如何为原料进行套期保值？

当聚酯企业预测 PTA 价格未来将上涨导致产品成本升高，以往企业会尽可能加大原料 PTA 现货的采购量，资金占用量会明显加大；另外，在行情上涨时，市场现货卖家多惜售或有时现货可供货源不足，聚酯企业往往无法买到足够的 PTA，有的企业库存容量有限，无力实现现货 PTA 的大量采购。在这种情况下，聚酯企业完全可以在期货市场上进行买入保值。

案例 6 - 1

买入保值

2018 年 PTA 全年无新增产能，而与此同时下游聚酯产品大幅增产，产能增速高达 14%。供需错配下，PTA 持续处于供不应求的状态，库存降至低位。2018 年 7 月，浙江某聚酯厂分析 PTA 价格在经过长时间的横盘后有可能出现一波上涨，因此希望购入原料 PTA 满足近期生产需求。由于直接在现货市场采购 PTA 易对企业现金流产生较大压力，在期货市场建仓只需支付少量的保证金即可达到同样目的，因此企业决定在期货市场采买 PTA。正常生产时，企业每月 PTA 用量 15000 吨，一般情况下，每月分三批每批 5000 吨采购进厂。为了规避以后再购进原料时价格上涨的风险，该企业决定进行 PTA 的买入套期保值。7 月 2 日，PTA 现货价格 5910 元/吨，观察到期货盘面贴水现货，该企业便以均价 5840 元/吨的价格在期货市场上行买入了 TA1809 合约 1500 手；7 月 6 日又以 5870 元/吨的均价再度买入 TA2009 合约 1500 手。至此该企业在期货市场上共建立多头头寸 3000 手，折合 15000 吨，刚好能与企业实际 PTA 需求用量相符。随后，该企业在 7 月 20

日、7 月 30 日以及 8 月 10 日在现货市场上分别以 6100 元/吨、6600 元/吨和 7400 元/吨的价格购入 PTA 现货共计 15000 吨，并把之前 3000 手空头头寸以 6000 元/吨、6400 元/吨和 7200 元/吨的价格分批平仓，实现了原料的采买。具体操作手法如表 6－1 所示。

表 6－1　　套保操作与盈亏结果

时间及盈亏	现货市场的操作	期货市场的操作
7 月 2 日	5930 元/吨	以 5840 元/吨买进 1500 手
7 月 6 日		以 5870 元/吨买进 1500 手
7 月 20 日	6100 元/吨买入 5000 吨	以 6000 元/吨卖出 1000 手
7 月 30 日	6600 元/吨买入 5000 吨	以 6400 元/吨卖出 1000 手
8 月 10 日	7400 元/吨买入 5000 吨	以 7200 元/吨卖出 1000 手
盈亏情况	期货建仓时现货均价 5930 元/吨，现货市场买入均价 6700 元/吨	平均建仓成本 5855 元/吨，平仓均价 6533 元/吨
	期货市场每吨盈利：6533－5855＝678 元/吨 现货实际买入成本：6700－678＝6022 元/吨 实际节省成本：678×15000＝1017 万元	

从表 6－1 中可以看出，如果不采取任何套保措施，该企业在现货市场上需要用 6700 元/吨的高额成本采买原料。且由于需要全款支付，会占用企业大量现金流，增加资金利息。但采取了套保措施后，该企业在盘面相对贴水现货时，择机在期货市场上进行原料的采买，平均建仓成本仅 5855 元/吨，只占用了少量保证金，大幅节省了资金成本。最终企业在 6533 元/吨全部平仓，通过期货市场每吨盈利 678 元，实际购买原材料成本为 6022 元/吨，实际节省成本 1017 万元。

四、聚酯企业如何运用期货市场进行原料采买？

聚酯企业为维持正常生产，一般会储备 10 天左右的原料用量。如果聚酯企业预测或担心 PTA 行情下跌，为了规避库存原料贬值亏损的风险，企业首先会尽量减少原料 PTA 的采购量，但为了保证生产的正常运行，又不得不采购原料以备生产使用。从生产过程至产品销售出厂大约有一两周或更长的时间，因聚酯产品与原料 PTA 价格的相关性较强，所以产品销售时的价格也往往受拖累而明显下滑，生产利润会下降甚至亏损。一旦遇到这种情况聚酯企业只能被动地接受亏损的发生。其实这种情况下，聚酯企业可以在期货市场上进行卖出保值，选择聚酯的原材料 PTA 作为标的，规避现货 PTA 下跌带给企业的风险。

案例 6-2

运用期货市场进行原料采买

2020 年 9 月初，随着 PTA 仓单有效期的临近，仓单的集中注销给现货市场提供了宽松的流动性。全球二次疫情的暴发叠加 PTA 远期产能施压使得 PTA 盘面的价格开始承压下跌。江苏某聚酯企业预计 PTA 期货即将进入下行通道。由于接了额外订单，为了尽量减少在现货市场上进行原料采买而带来的亏损，该企业决定在现货市场买进 PTA 原料的同时在期货市场建立空单头寸进行卖出套期保值。9 月 3 日，该企业以 3560 元/吨的价格在现货市场购买 PTA 现货 5000 吨，同时在期货市场卖出 TA2101 合约 1000 手，平均建仓成本 3770 元/吨；9 月 10 日，该企业购入 PTA 现货 5000 吨，价格为 3445 元/吨，同时在期货市场卖出 TA2101 合约 1000 手，平均建仓成本 3640 元/吨；9 月 21 日，企业再次以 3405 元/吨的价格购入 PTA 现货 5000 吨，同时在期货市场卖出 TA2101 合约 1000 手，平均建仓成本 3610 元/吨。至此，该企业共在期货市场建立空头头寸 3000 手（15000 吨）的 PTA，与现货市场的实际购买量完全对冲。9 月 30 日，该企业以 3430 元/吨的价格买平 3000 手，完成交易。操作结果如表 6-2 所示。

表 6-2 套保操作与盈亏结果

时间及盈亏	现货市场的操作	期货市场的操作
9 月 3 日	3560 元/吨购入 5000 吨	3770 元/吨卖出 1000 手
9 月 10 日	3445 元/吨购入 5000 吨	3640 元/吨卖出 1000 手
9 月 21 日	3405 元/吨购入 5000 吨	3610 元/吨卖出 1000 手
9 月 30 日	3215 元/吨	3430 元/吨平仓 3000 手
盈亏情况	现货市场平均买入成本：(3560 + 3445 + 3405)/3 = 3470 元/吨，较最终现货价多付：(3470 - 3215) × 15000 = 382.5 万元	期货市场平均建仓成本：(3770 + 3640 + 3610)/3 = 3673 元/吨，平仓价 3430 元/吨。期货盈利：(3673 - 3430) × 15000 = 364.5 万元
	该企业在现货市场虽然多付 382.5 万元，但通过期货市场实际盈利 364.5 万元，冲抵后实际多付 382.5 - 364.5 = 18 万元	

如果不参与套期保值，该企业将以 3470 元/吨的均价在现货市场上采买原料，导致最终多付了 382.5 万元。但由于参与了套期保值，该企业在期货市场上以 3673 元/吨的均价建仓了 3000 手，并以 3430 元/吨的价格买平，实现盈利 364.5 万元。盈亏冲抵后，实际仅多付了 18 万元，较好地实现了保值效果。

五、聚酯企业如何为其生产的产品进行保值？

由于 PTA 与下游聚酯产品价格间存在着较强的相关性（具体各品种之间的相关性如表 6-3 所示），所以聚酯企业在现货市场价格波动时完全可以利用 PTA 期货为其聚酯产品进行套期保值，提高企业竞争力。

表 6-3　PTA 价格与上下游各产品价格间的相关系数

产品	大有光大聚酯切片	半光聚酯切片	1.4D 直纺涤短	涤纶 DTY150D	涤纶 POY150D	涤纶 FDY150D	国产 EG	WTI 现货	石脑油	MX	PX	PTA 外盘	PTA 内盘
大有光大聚酯切片	1												
半光聚酯切片	0.9970	1											
1.4D 直纺涤短	0.9852	0.981	1										
涤纶 DTY150D	0.9765	0.977	0.9826	1									
涤纶 POY150D	0.9880	0.9883	0.9868	0.994	1								
涤纶 FDY150D	0.9772	0.977	0.9833	0.993	0.9903	1							
国产 EG	0.8405	0.8467	0.8488	0.82	0.8199	0.798	1						
WTI 现货	0.6320	0.6443	0.6268	0.609	0.5932	0.623	0.523	1					
石脑油	0.7854	0.7962	0.7708	0.746	0.7495	0.764	0.633	0.94	1				
MX	0.8265	0.8292	0.9026	0.783	0.7998	0.806	0.569	0.833	0.934	1			
PX	0.8198	0.822	0.7874	0.765	0.7949	0.791	0.503	0.762	0.875	0.96	1		
PTA 外盘	0.7683	0.7782	0.7185	0.727	0.7511	0.754	0.414	0.735	0.843	0.918	0.9578	1	
PTA 内盘	0.8439	0.8439	0.8015	0.82	0.8474	0.835	0.468	0.554	0.722	0.859	0.9117	0.9347	1

案例 6-3

为产品保值

2020 年 2 月，全球新冠肺炎疫情的暴发使金融市场陷入恐慌，资金风险偏好的大幅下行引发了大宗商品的集体暴跌，PTA 终端需求也同样出现断崖式下跌。4 月 21 日，WTI 原油价格跌至冰点，导致 PTA 成本端崩塌。同时，居家隔离的政策使下游纺织订单大量取消，引发终端消费大幅走弱，聚酯库存迅速累积。浙江一家聚酯厂面临这种终端订单大幅萎缩的情况，决定在期货市场为长丝产品进行保值，该厂的主要产品为 FDY150D，月产 1.5 万吨左右。2 月底开始长丝的市场价格一路下跌且没有看到明显的止跌迹象。为应对这一情况，防止产品价格的进一步下跌造成较大亏损，该企业决定在期货市场进行 PTA 空头头寸的建仓来进行对冲。3 月 6 日，该企业在期货市场卖出 PTA2005 合约 2580 手（1 吨聚酯产品对应 0.86 吨 PTA），平均价格 4350 元/吨，目的是给长丝保值，此时长丝的价格为 6950 元/吨。3 月 15 日，长丝价格跌至 6200 元/吨，该厂卖出 7500 吨产品后，在盘面以 3900 元/吨的价格平仓 1290 手。3 月 26 日，长丝价格下跌至 5500 元/吨，同时 PTA 的价格也跌至 3350 元/吨。此时，该企业将之前剩余的 1290 手头寸全部平仓，成功达到保值效果。具体操作如表 6-4 所示。

表 6-4 套保操作与盈亏结果

时间及盈亏	长丝 FDY150D	PTA2005
3 月 6 日	6950 元/吨	4350 元/吨卖出 2580 手
3 月 15 日	6200 元/吨卖出 7500 吨	3900 元/吨平仓 1290 手
3 月 26 日	5500 元/吨卖出 7500 吨	3350 元/吨平仓 1290 手
盈亏情况	15000 吨销售情况：(6200 - 6950) × 7500 + (5500 - 6950) × 7500 = -1650 万元	(4350 - 3900) × 6450 + (4350 - 3350) × 6450 = 935.25 万元
	通过期货对冲，实际减少亏损 1650 - 935.25 = 714.75 万元	

如果不参与套保，在此次从原料端到成品端的价格下跌中，长丝的价格从 6950 元/吨下跌至 5500 元/吨，因此该企业将面临现货市场长丝的亏损

1650 万元。但通过对原料 PTA 做期货对冲，实现盈利 935.25 万元。因此盈亏冲抵后该企业实际减少亏损 714.75 万元，较好的达到了保值的效果。

六、聚酯企业如何规避原料库存贬值风险？

聚酯企业为了维持正常生产，一般会备 10～15 天的原料库存，如果遇到 PTA 原料价格下跌，企业库存面临很大的贬值风险。为了规避这种风险，在判断价格会下跌时，可以通过卖出 PTA 期货，从而为库存保值。

案例 6－4

规避原料库存贬值风险

2019 年 4 月，恒力石化 450 万吨/年的 PX 装置已部分投产，国内 PX 产能供应压力陡增，PTA 成本端承压显著。同时，市场预期中美贸易关系将会往不利方向转变，终端订单下滑，聚酯开始累库。由于担心 PTA 价格的进一步下跌，山东某聚酯厂决定为原料 PTA 库存进行保值。2019 年 4 月 17 日，该企业在期货市场以均价 6300 元/吨卖出 PTA1909 合约 2000 手，持有至 4 月 30 日以 5980 元/吨的均价全部平仓，成功减少损失。其具体操作结果如表 6－5 所示。

表 6－5　　套保操作与盈亏结果

时间及盈亏	现货市场	期货市场
4 月 17 日	6655 元/吨	6300 元/吨的价格卖出 2000 手
4 月 30 日	6590 元/吨	5980 元/吨的价格平仓 2000 手
盈亏情况	(6590 － 6655) × 5 × 2000 = － 65 万元，即亏损 65 万元	(6300 － 5980) × 5 × 2000 = 320 万元，即盈利 320 万元
	盈亏冲抵：320 － 65 = 255 万元	

若不做期货套期保值，从 4 月 17 日到 4 月 30 日，PTA 的价格从 6655 元/吨跌至 6590 元/吨，该企业本该因原料库存贬值亏损 65 万元。但通过期货市场对冲，该企业在 6300 元/吨卖空 PTA2000 手，并在 5980 元/吨平仓，成功在期货市场盈利 320 万元，盈亏冲抵后反而盈利了 255 万元，较好地实现了保值效果。我们需要注意此类操作建议在到期日前平仓为主，免去交割带来的麻烦。

七、聚酯企业如何借助期货市场控制原料成本？

聚酯企业可以有效利用期货市场进行库存套利的操作，既可利用期货市场建立虚拟库存，还可有效地盘活库存资金，减缩实际库存，提高资金运转效率。

聚酯企业以往都在现货市场采购原料，现货市场的采购又可分为合同货和现货两部分。我国 PTA 产业大发展之后，现货市场的采购变得容易，而且现货价格一般会比合同货更具优势，所以合同货采购占比有所下降。特别是在行情看跌时，合同货比例会更低些。当出现单边向上的行情时，现货市场惜售的会比较多，现货采购难度较大。而 PTA 期货上市后，聚酯企业完全可以把期货市场作为原料采购的第三条渠道。这样可使企业在现货、合同货及期货三者中进行比较，从优选择，企业的生产经营会更加有保障。

案例 6－5

采购 PTA 作为原料

2019 年 6 月，因 PTA 工厂装置故障意外检修增多，且预期后期存在大厂检修，PTA 供应偏紧。同时聚酯价格跌至历史低点，受此影响，终端织造企业开始采购聚酯，聚酯库存快速下降。在聚酯成品库存偏低的情况下，聚酯企业为了后续订单的备货，开启了对原料 PTA 的采购。浙江某聚酯厂接到下游长丝订单20000吨，因此需要采购15000吨PTA。当时PTA1907期货盘面的结算价格为5200元/吨，要远低于PTA现货6月的市场合同价5800元/吨，因此该企业决定在期货市场进行原料的采买。该企业在6月初买入PTA1907合约3000手，均价5200元/吨。由于要到7月才能交割，到那时再拿货势必会影响生产进度。为此，在郑商所的撮合下，6月12日该聚酯企业同一家做空PTA期货的生产商达成了以5500元/吨提前结算及交割的协议。也就是说该企业按照每吨5500元的价格平仓期货头寸并按此价格向PTA生产商支付货款。实际结果如表6－6所示。

表6－6　　套保操作与盈亏结果

时间及盈亏	PTA现货的操作	期货PTA1907的操作
6月初	现货6月合同价5800元/吨	以5200元/吨的均价买入3000手
6月中旬	协议平仓价5500元/吨	5500元/吨平仓3000手
盈亏情况	如不采用期转现，理论多付：（5500－5800）×15000＝－450万元	期货盘面盈利：（5500－5200）×15000＝450万元
	实际盈利：450万元	

在采购原料方面，该企业灵活运用期转现交易（期转现交易：指持有相反头寸品种的会员将各自持有的合约按协议价格平仓，同时，将期货合约标的物数量相当、品种相同、方向相反的仓单进行交换的行为），有效利用期货市场赚取价差收益。若不采取期转现交易，该企业只能通过现货合同价，以5800元/吨的成本采购PTA，理论上要多支付货款450万元。通过正确判断未来的上涨行情，该企业以5500元/吨的价格与PTA生产商协议平仓，在现货市场节省450万元。

八、切片纺企业如何应对PTA价格上涨？

如果预计PTA价格上涨或已经进入上升通道，作为聚酯切片的下游，也建议切片纺织企业做买入套期保值。以往企业是要尽量提前在现货市场上大量买入原料切片，但现在有了相对更优的做法，既可以在期货市场收获PTA 价格上涨的利润，又可以减少资金的占用，免去库存的积压。具体做法是，在期货市场上买入 PTA 期货合约，其买入的数量和交割月份都大致是将来在现货市场上买入切片现货的 0.86 倍（因生产 1 吨切片使用 PTA 大约 0.86 吨），以后如果切片现货市场价格出现上涨，在现货市场上要以较高的价格买入切片现货，但由于之前在期货市场上低价买进的 PTA 期货合约已经获利，通过期货盈利可以弥补因切片现货市场价格上涨所造成的损失，从而利用期货套保工具为企业盈利。

案例 6－6

切片纺企业应对 PTA 价格上涨

2019 年 1 月至 2 月，由于 OPEC 积极实施减产，布伦特原油由年初的 51 美元/桶一路上涨至 65 美元/桶。原油价格的上涨，在成本端对 PX 价格形成了有力支撑。同时，PTA 下游聚酯行业因为临近春节积极备货，聚酯终端需求走好。华东某切片纺小企业预计后期 PTA 价格将会继续上升，切片价格短期也难以下跌，所以决定利用 PTA 期货为日常的 1000 吨切片库存做买入保值。由于生产 1 吨切片需要使用大概 0.86 吨 PTA，因此该企业选择在 1 月 4 日以 5775 元/吨的价格买入 172 手 PTA1905 合约。几周后，PTA 价格果然如预期上涨至 6460 元/吨，此时企业再将前期的多头头寸全部平仓，较好的达到了保值效果。具体操作如表 6－7 所示。

表 6－7　　套保操作与盈亏结果

时间及盈亏	半光聚酯切片现货的操作	期货 PTA1905 的操作
1 月 4 日	半光聚酯切片现货价格 7575 元/吨	以 5775 元/吨买入 PTA1905 合约 172 手（5 吨/手）
1 月 22 日	半光聚酯切片现货价格 7875 元/吨	6460 元/吨的均价全部平仓
盈亏情况	（7575－7875）×1000＝－30 万元，即库存亏损 30 万元	（6460－5775）×5×172＝58.91 万元，即盈利 58.91 万元
	实际盈利：58.91－30＝28.91 万元	

上例切片纺企业在切片价格上升过程中通过 PTA 期货为其原料做买入套保，既节省了资金的占用（期货市场只占用10%的保证金），又避免了切片价格大幅上涨给企业经营带来的被动局面，而且因 PTA 及切片价格上涨带动的涤丝产品价格也在上涨，利润水平较为可观。如不在期货市场进行对冲，在原料聚酯切片价格从 7575 元/吨到 7875 元/吨的上涨过程中，该企业将面临 30 万元的损失；采用了 PTA 期货进行对冲，反而在期货市场盈利 58.91 万元，盈亏冲抵后实际盈利 28.91 万元，较好地实现了保值效果。

九、切片纺企业如何应对 PTA 价格下跌？

由于原料与产成品价格之间存在着较强的相关性，PTA 与下游切片和涤丝价格的同向涨跌有 0.85 ~0.88 的强相关关系，所以当预计 PTA 价格下跌或已经进入下降通道时，切片纺企业可以利用 PTA 期货市场为库存原料切片和产品涤丝做卖出套期保值。

案例 6 -7

应对 PTA 价格下跌

2019 年 7 月至 10 月，PTA 价格快速上涨，对聚酯行业而言，其成本大幅上涨而需求跟进不足，随着聚酯企业的减产，PTA 高位下滑。10 月，随着新凤鸣装置 220 万吨/年的投产，PTA 产能再次增加，市场存累库预期价格易跌难涨，持续探底。江苏某切片纺工厂，年产能 20 万吨，切片月用量在 1.5 万吨左右，正常情况下备货切片库存 5000 吨。10 月初，该厂家预计 PTA 价格仍会继续下跌，于是在期货市场为库存切片做卖出保值。10 月 15 日，该企业在期货市场上以 5050 元/吨的价格卖出 PTA2001 合约 860 手。半个月后，切片价格果然如预期下跌至 6100 元/吨。但由于在期货市场上建立了 PTA 的空头头寸，该企业在此波 PTA 从 5050 元/吨到 4820 元/吨的下跌中，利用期货市场盈利 98.9 万元，较好对冲了现货市场的亏损。具体情况见表 6-8。

表 6-8　套保操作与盈亏结果

时间及盈亏	半光聚酯切片现货的操作	期货 PTA2001 的操作
10 月 15 日	切片价格 6500 元/吨	5050 元/吨卖出 PTA2001 合约 860 手
10 月 30 日	切片价格 6100 元/吨	4820 元/吨价格全部平仓
盈亏情况	(6100 - 6500) × 5000 = - 200 万元，即亏损 200 万元	(5050 - 4820) × 5 × 860 = 98.9 万元，即盈利 98.9 万元
	实际亏损：98.9 - 200 = - 101.1 万元	

若不参与期货套期保值，在此波切片价格从 6500 元/吨到 6100 元/吨的下跌中，该企业将会在现货市场上亏损 200 万元，但得益于该企业在期货市场有效为库存切片进行卖出保值，企业在期货市场盈利 98.9 万元，较好的对冲掉了部分现货市场的亏损，使得最终只亏损了 - 101.1 万元，在同类企业中的竞争力大大提高。

十、下游纱线企业如何应对 PTA 价格上涨？

正因为聚酯涤丝与 PTA 价格之间存在极强的相关性，所以只要使用的原料属于聚酯涤丝类或部分使用聚酯涤丝类产品的纺纱及织造企业，均可利用 PTA 期货为原料库存进行保值。目前随着 PTA 期货的日益成熟，纺纱及织造企业对于 PTA 期货的认识也在逐步提高，而且实践证明纺纱织造企业利用 PTA 期货为库存进行保值是有效和可行的。当预计 PTA 价格上涨或已经进入上升通道时，下游纱线企业及织造企业以往会集中加量采购涤丝，这样既占用大量资金，又加大了企业的库存压力。有 PTA 期货后，下游厂家可以通过 PTA 期货市场做买入保值。

案例 6－8

应对 PTA 价格上涨

2021 年春节过后，原油价格上涨，下游终端需求的好转使涤纶长丝的价格出现了上扬的走势。随着 PTA 和涤纶价格的同步上涨，山东某纱线企业决定在期货市场做买入套保，规避因原材料 PTA 价格上涨而出现的采购成本上升的风险。该厂一般一个月的原料使用量在 5000 吨左右，此次决定在期货市场做买入套期保值。3 月 19 日，该企业在期货市场上以 4300 元/吨的价格买入 PTA2105 合约 1000 手。3 月 29 日，PTA 价格如期上涨，此时该企业再以 4400 元/吨的价格将前期多头头寸全部平仓，较好的达到了保值效果。具体操作参考表 6－9。

表 6－9　　套保操作与盈亏结果

时间及盈亏	PTA 现货价格的操作	期货 PTA2105 的操作
3 月 19 日	现货价格 4350 元/吨	4300 元/吨价格买入 1000 手
3 月 29 日	现货价格 4450 元/吨	4400 元/吨价格平仓
盈亏情况	(4450－4350)×5000＝－50 万元，现货多付 50 万元	(4400－4300)×5000＝50 万元，期货市场盈利 50 万元
	盈亏相抵：50－50＝0 万元	

如不进行套期保值，该厂在采购原料 PTA 时，就不能享受 4350 元/吨相对较低的现货采买价，相当于实际多付了 50 万元。但采用了对全月原料 PTA 保值的操作，该企业在期货市场上成功盈利 50 万元，成功达到了盈亏相抵的目的。

十一、下游纱线企业如何应对 PTA 价格下跌？

当预计 PTA 价格下跌或已经进入下降通道时，下游纱线企业及织造企业若担心其原料库存出现的贬值风险，建议可以通过 PTA 期货市场为其库存的原料做卖出保值，将其风险转嫁出去。

案例 6－9

买入保值

2021 年 3 月初，纺织行业传统的金三银四需求旺季并没有如期到来。节前过分火爆的下游纱厂订单透支了旺季的预期，随着终端需求的走弱，PTA 的价格在 2 月底见顶后呈现了逐渐下滑的态势。浙江某棉涤混纺生产商观察下游订单有明显下降，预计下游需求难有大的恢复，为了规避涤纶短纤产品贬值的风险，决定在 PTA 期货市场上对 PTA 原料进行卖出套保（考虑短纤期货也已上市，企业同样可以直接采用短纤期货进行卖出套保）。3 月 2 日，该企业以 4700 元/吨的价格用 PTA2105 合约上卖空了 40 手 PTA。随后 PTA 价格果然发生了下跌，3 月 22 日，该企业选择以 4350 元/吨的相对低位将空头头寸全部平仓，较好地实现保值效果。具体操作参考表 6－10。

表 6－10　　套保操作与盈亏结果

时间及盈亏	直纺涤短 1.4D×38mm 市场价	期货 PTA2105
3 月 2 日	7700 元/吨市场价	4700 元/吨卖出 PTA2105 合约 40 手（1 手 5 吨）
3 月 22 日	6975 元/吨市场价	4350 元/吨全部平仓
盈亏情况	（6975 －7700）×200 ＝ －14.5 万元	（4700 －4350）×40 ×5 ＝7 万元
	7 －14.5 ＝ －7.5 万元，实际损失 7.5 万元	

通过该次套保，厂家正确预判价格的下跌，成功运用期货工具实现了对冲。如果未参与套保，在 3 月 2 日至 3 月 22 日的下跌中，涤纶短纤的价格从 7700 元/吨跌至 6975 元/吨，该企业将在现货市场亏损 14.5 万元。由于成功采用了套保，该企业在期货市场盈利 7 万元，成功减少亏损 7.5 万元，达到了保值的目的。

十二、下游瓶片企业如何应用 PTA 期货工具？

案例 6－10

应用 PTA 期货

2020 年年初的新冠肺炎疫情使金融市场陷入恐慌，资金风险偏好下行引发了大宗商品价格的暴跌。9 月，随着恐慌情绪的逐步消散，下游纺织行业的终端需求有所改善，海外防疫物资的需求增长带动了纺织品出口的反弹。浙江某聚酯瓶片厂分析，随着原油价格的进一步上涨以及下游需求的逐步恢复，PTA 有可能延续上涨行情，希望购入原料 PTA 满足近期生产需求。但由于该厂家资金并不充裕，难以实现大量的原料采购，所以决定在 PTA 期货市场上为该厂两个月的原料用量 1000 吨做买入套保。9 月 3 日，该企业以 3500 元/吨的价格在期货市场上买入 PTA2009 合约 200 手，共计 1000 吨。9 月 10 日，PTA 价格果然如预期上涨，此时，该企业将之前的 200 手多头头寸以 3600 元/吨的价格全部平仓，较好地的实现了保值效果。具体操作参考表 6－11。

表 6－11　　套保操作与盈亏结果

时间及盈亏	PTA 现货价格的操作	期货 PTA2009 的操作
9 月 3 日	3550 元/吨	3500 元/吨价格买入 200 手
9 月 10 日	3650 元/吨	3600 元/吨价格全部平仓
盈亏情况	（3550－3650）×1000＝－10 万元，即多付 10 万元	（3500－3400）×1000＝10 万元，即盈利 10 万元
	盈亏相抵：10－10＝0 万元	

从 9 月 3 日至 9 月 10 日，该聚酯瓶片厂在 PTA 的价格上涨中，若不进

行套保，则需要在现货市场多付 10 万元来采买 PTA。通过套期保值，该企业运用期货市场 10 万元的盈利成功对冲现货市场的亏损，达到了规避风险的目的。在期货市场建仓的成本比直接在现货市场采购 PTA 的成本要多，只支付少量的保证金，节省了企业的资金利息，利于维持企业运转的稳定。

十三、基差点价交易模式是什么？

基差点价交易，指以被指定的期货价格作为计价的基础，用期货价格加上或者减去之前谈判约定好的升贴水，以这个最终价格作为买卖双方对商品定价而进行的交易。这里所说的升贴水，即现货价格与期货价格之间的价差。在实际贸易中，基差是衡量现货市场强弱的比较有说服力的指标。经过近 30 多年的发展，PTA 产业的市场结构已经发生了很大的转变，以前生产企业按年度模式定价，随着市场价格的多变，产业呼吁市场定价能够更灵活、时效、富有市场化。因此，PTA 贸易商及生产企业开始逐渐实行期货点价的模式与下游贸易商进行结算定价。

基差点价机制可以体现贸易中的公平性及市场化定价。由于点价交易是买卖双方把商品期货市场和现货市场联合起来进行市场化定价的交易过程，只有当买方和卖方均同意后才能成交，体现出了商品市场定价的公平性。期货市场具有连续性、公平性、时效性等特点，因此利用期货市场确定价格的这种点价方式，使 PTA 的采购方可以在规定的期限内在期货合约对应的盘面完成点价。这样产生的价格最接近市场均衡价格，也相对公开化、权威化、透明化，对 PTA 的贸易买卖双方最为公平，发挥了价格发现功能，提高了现货定价效率。

此外，点价机制产生的市场价格可以维持市场的良性竞争。在 PTA 的现货贸易中，一般买卖双方在市场上通过报升贴水来撮合配对成交，如果成交，则期货价格加升贴水即为实时生成的市场价。PTA 生产企业则可以通过该市场价评估企业的盈利状况，从而制订对应的产销计划。如果升贴水没及时成交，买卖报价差距大，则PTA生产企业就会升贴水报价调整，如果发现自身销售是亏损的，则会做出适当减产或者卖出保值的操作从而提升PTA企业的市场竞争能力，避免了PTA生产企业间恶性竞争的不良现象。另外，PTA生产企业可以利用通过点价成交所规定的现货贸易价格估算出企业远月的盈亏情况，从而更好地进行原料采购，在风险可控的情况下控制成本。

再有，点价机制可以提高PTA的产销量。PTA行业点价机制的推出使得基准价市场化，点价及升贴水议价更加灵活。PTA期货自从2006年上市以来，对PTA实体产业链发挥着规避风险、套期保值的作用。尤其是在贸易中，PTA期货点价机制具有稳定买卖双方伙伴关系，促进市场化定价，增加PTA企业贸易产销量的重要意义。尤其是让现货企业能够用期货、现货两个货源进行生产经营。PTA企业可以通过在期货市场上锁定期货价格进行卖出套保，锁定利润。对于PTA的下游聚酯企业，如果判断后期价格要上涨，基差走强，则可以在期货市场上锁定买入成本，通过基差点价，规避结算价过高而引起的成本抬升风险。

十四、PTA期货基差点价模式在实际操作中的风险点有哪些？

点价模式的风险点来自基差变动的风险。通常情况下，聚酯工厂作为买方，希望与PTA企业谈判得到一个相对比较低的升贴水。作为卖出方的PTA企业，通常其在聚酯企业点价的时候，就应该在之前约谈的期货盘面上卖出相同数量的货，从而使聚酯企业可以在合约约定的到期日，平掉之前的期货多头头寸，同时，在现货市场接PTA企业的货源，而PTA企业几乎同时平掉之前的卖单。当然，需要注意的是，聚酯企业和PTA企业要同步操作，否则会增加交易成本。从操作层面来讲，在点价模式中，聚酯工厂所面临的风险来自：一旦聚酯工厂在约定的有限期限内没有进行点价，而恰好这时PTA的价格上涨了，就会使聚酯工厂在现货市场采购的成本增加。

并且在实际操作的过程中，有时候因为市场参与报价少，只有少数几家进行撮合成交价格，而该价格往往缺乏一定指导性和普遍性。也正因为此，升贴水谈判的合理性与否涉及产业链客户的真实参与程度。如果递盘和卖盘报出的升贴水的差距过大，则当天市场很难达成真实的交易价格，造成现货成交贸易清淡的情况出现。

十五、聚酯企业如何运用基差点价模式？

在点价交易过程中，第一，PTA 生产企业需要计算清楚自己的生产成本，包括原料成本及其他杂费等，与此同时，在约定好的期货市场上进行卖出套保；第二，商谈确定 PTA 的升贴水，PTA 生产企业根据现货的价格、加工费、持有时间的长短确定升贴后报给聚酯工厂和贸易商，而同时，聚酯工厂及贸易商递盘也报出一个升贴水给 PTA 企业或贸易商，然后协商确定交货期及升贴水；第三步，PTA 企业期货买入平仓，然后双方在现货市场进行交割、结算。具体点价交易的流程和效果如下文：2021 年 3 月 1 日，PTA 企业期货 PTA2105 合约卖出 4800 元/吨，PTA 与聚酯工厂达成一致协议升贴水报价为 PTA2105 + 50 元/吨，等到 3 月 16 日，聚酯工厂在期货市场 PTA2105 点价的均价为 4450 元/吨，则实际聚酯工厂采购 PTA 的结算价在 4450 元/吨 + 50 元/吨 = 4500 元/吨，而实际当天现货价格为 4550 元/吨。具体操作策略参考表 6 - 12。

表 6 - 12 套保操作与盈亏结果

时间及盈亏	流程	价格	备注
2021 年 3 月 1 日	签订合同，向聚酯工厂报 50 元/吨升水	PTA 工厂在 4800 元/吨建立卖出套保头寸	升水包含运费、PTA 工厂利润
2021 年 3 月 16 日	聚酯工厂在约定期限内完成点价	点价均价 4450 元/吨	实际成交均价 4500 元/吨

续表

时间及盈亏	流程	价格	备注
盈亏情况	与现货均价相比，聚酯工厂采购一吨 PTA 降低成本：4550－4500＝50 元/吨，PTA 工厂销售 1 吨 PTA 盈利：4800－4500＝300 元/吨		

如果不采用点价，聚酯工厂只能通过现货市场当日报价 4550 元/吨的价格购买 PTA 现货。采用了基差点价后，聚酯工厂在约定时期内完成了点价，以 4450 元/吨的点价均价加上 50 元/吨的升贴水来进行 PTA 的采买，降低了 50 元/吨购买成本。并且 PTA 工厂销售每吨 PTA 也增加了 300 元/吨的盈利，形成了双赢的经营模式，为行业的合作协同发展带来了重要的意义。

自测题

一、填空题

1. 聚酯企业为了维持正常生产，一般会备________天的库存原料，如果遇到 PTA 原料价格下跌，企业库存有很大的贬值风险。为了规避这种风险，可以通过________ PTA 期货，从而为库存保值。

2. 基差，即________与________之间的价差。

二、选择题

1. 当聚酯企业预测或担心 PTA 价格上涨时，完全可以在期货市场上进行（　　），规避现货 PTA 上涨带给企业的风险。

A. 投机　　B. 套利　　C. 卖出保值　　D. 买入保值

2. 当聚酯企业预测或担心 PTA 价格下跌时，完全可以在期货市场上进行（　　），规避现货 PTA 下跌带给企业的风险。

A. 投机　　B. 套利　　C. 卖出保值　　D. 买入保值

3. PTA 期货上市后，聚酯企业完全可以把期货市场作为原料采购的第三条渠道。这样可使企业在现货、合同货及期货三者中进行比较，从优选择，企业的（　　）会更加有保障。

A. 原料采购　B. 产品销售　C. 生产经营　D. 产品质量

4. 如果预计 PTA 价格（　　）或已经进入（　　）通道时，切片纺企业要做买入套期保值。

A. 上涨　B. 下跌　C. 上升　D. 下降

5. 当预计 PTA 价格（　　）或已经进入（　　）通道时，切片纺企业可以利用 PTA 期货市场为库存原料切片和产品涤丝做卖出套期保值。

A. 上涨　B. 下跌　C. 上升　D. 下降

6. 当预计 PTA 价格上涨或已经进入上升通道时，下游纱线企业及织造业可以利用 PTA 期货为原料（涤丝类产品）库存进行（　　）保值。

A. 上涨　B. 下跌　C. 买入　D. 卖出

7. 聚酯工厂在进行基差点价交易时，作为基差的买方，通常希望与 PTA 企业商谈（　　）的升贴水。

A. 较高　B. 较低　C. 相同　D. 无影响

三、判断题

1. 聚酯企业完全可以而且非常有必要参与 PTA 期货交易，并要坚持以做趋势投机为主的原则，时机成熟时可考虑适当的套利等操作方式。（　　）

2. 由于 PTA 与下游聚酯产品价格间存在着较强的相关性，所以聚酯企业在现货市场价格波动时完全可以利用 PTA 期货为其聚酯产品进行套利，提高了企业竞争力。（　　）

3. 尽管下游纺纱、织造业及瓶坯生产企业与 PTA 环节不直接关联，但是其主要原料聚酯产品（涤纶长丝、涤纶短纤及聚酯瓶片等）与 PTA 价格之间存在着极强的相关性，所以当 PTA 价格出现大的波动时，企业仍然可以利用 PTA 期货市场为其原料做套期保值，从而提高企业在同行业中的市场竞争力。（　　）

4. 当预计 PTA 价格下跌或已经进入下降通道时，下游纱线企业及织造企业也不用惊慌，其原料库存将出现的贬值风险，完全可以通过 PTA 期货市场为其库存的原料做买入保值，将其风险转嫁出去。（　　）

5. 聚酯企业可以有效利用期货市场进行库存套利的操作，一方面可利用期货市场建立虚拟库存，另外可有效地盘活库存资金，减缩实际库存，提高资金运转效率。 （ ）

6. 聚酯瓶片与PTA期货之间的较强相关性，其相关系数均达到0.87以上，这为聚酯瓶生产企业提供了一个为原料做套期保值的较好的渠道。 （ ）

7. 在贸易中，PTA期货点价机制发挥着稳定买卖双方伙伴关系，促进市场化定价，增加PTA企业的贸易产销量。 （ ）

8. PTA生产企业在点价交易时，需要计算清楚自己生产成本，包括原料成本及其他杂费等，与此同时，在约定好的期货市场上进行卖出套保。 （ ）

参考答案

一、填空题

1. 10~15；卖出　2. 现货价格；期货价格

二、选择题

1. D　2. C　3. C　4. AC　5. BD　6. C　7. B

三、判断题

1. 错　2. 错　3. 对　4. 错　5. 对　6. 对　7. 对
8. 对

第七章

一般投资者如何参与 PTA 期货交易

本章要点

本章主要介绍投资交易者的交易体系、一般市场参与者的类型及其采取的交易策略和风险与资金管理办法，可以帮助投资者了解当前市场参与者的情况，根据自身情况形成适合自己的交易策略，以便更好地建立一套适合自己的交易系统。

一、什么是期货市场上的投机交易？

期货市场上的投机交易，是指在期货市场上以获取价差收益为目的的期货交易行为。投机者根据自己认知对期货价格走势进行判断，做出买进或卖出的决定，如果与市场价格走势判断相同，则投机者平仓出局后可获取利润；如果判断与价格走势相反，则投机者平仓出局后承担损失。

期货投机在期货市场上有增加市场流动性和承担套期保值者转嫁风险的作用，有利于期货交易的顺利进行和期货市场的正常运转。它是期货市场套期保值功能和价格发现功能得以发挥作用的重要条件之一，主要表现在：投机者是期货风险的承担者，是套期保值者的交易对手，期货市场的套期保值交易能够为生产经营者规避现货风险，但它只是转移了风险，并不能消灭风险，而这部分转移出去的风险需要有相应的承担者，期货投机者在期货市场上正起到了承担风险的作用。期货交易运作的实践证明，一个市场中只有套期保值交易根本无法达到转移风险的目的。

如果只有套期保值者参与期货交易，那么，必须在买入套期保值者和卖出套期保值者交易数量完全相等时，交易才能成立。但是，实际交易中，两者相等是小概率事件，不平衡是常有的事，所以只有套保者存在，套保则难以实现。投机者的参与正好弥补了套保买卖的不平衡，从而保证套保的正常进行。套保者规避风险的同时，也让渡利润于投机者，投机者在利润的驱使下，根据自己对于行情的把握，不断在市场进行买进或卖出操作，以实现在价格波动中获得利润的目的。

二、一般投资者参与期货投机要注意什么？

一般投资者参与期货市场，首先应了解期货市场，了解风险所在。对于投资者来说，建立符合自身特点的交易系统非常重要，它是增加收益、减少风险的基本保障。投资者在对期货市场有所了解之后，就要研究适合自己的交易系统，交易系统并不是一成不变的，是根据投资者认知的不断提升来相应调整的，但交易系统一旦确立就应严格执行。

三、什么是期货交易系统?

期货交易系统就是由相互关联的交易规则构成的一套完整的交易规则体系。一套设计良好的交易系统，必须对投资决策和各个相关环节作出相应的规定，这种规则应该是客观的、唯一的，不允许有任何不同的解释。一套设计良好的交易系统，必须符合使用者的心理特征、投资对象的统计特征及投资资金的风险等特征，其特点在于它的完整性和客观性。如果使用条件相同，那么操作结果应该是确定的和相同的，系统的可重复性即是方法的科学性，系统交易方法属于科学型的投资交易方法。

理论上讲，它一般是由行情判断子系统、资金管理子系统和风险管理子系统三部分构成。其中，比较重要的行情判断子系统应该包括两条以上的交易规则，这些规则应具有相互之间的有机联系，并且至少能完成一个完整的交易周期。期货交易系统要经过实战阶段的检验。由于系统操作者本身也是交易系统的一部分，其能否克服自身的心理障碍是接近成功的重要条件之一。但总的来说，由于期货交易系统是百分之百客观的决策模式，能够有效地排除人的主观意志和个体情绪对信号发生过程的干扰，使系统交易具有较高的操作稳定性及抗灾难性失误的能力。期货交易系统，即主要依靠那些已经在历史走势中得到验证的指标、形态、参数等技术分析方法，强化信号的作用，用以选择买卖时机和点位，由于这些方法已经在历史走势中得到过验证，因此在使用时基本不用进行过多分析，也不强调对未来走势的判断，只需按照一定的程序执行即可，评判交易系统的好坏，最关键是看其在预测历史走势中的胜算。交易系统中包括四个要素：方向预测、时机抉择、资金管理和心态控制。

对于普通投资者而言，交易系统是个性化的，具体来说，交易系统类似于一个规则或纪律，约束自己，使自己知道能干什么或不能干什么。首先交易系统可以帮助你排除不能干的事，只有当你知道了什么事不能干时，才能使你减少亏损。比如，以前流传的证券公司门口卖报的、看车的用市场人头数作为交易系统，看似简单，却把握住了行为金融的核心本质。再如，有很多人并不懂很多高深的操作理论，只能做到涨一定比例，比如 10%，就买入或跌一定比例，如 10% 就卖出，也算是个交易系统。还比如，某些人脑子一热就买了，亏了就平出来；有部分人既不对产品基本面进行分析，也不对技术面进行分析，自己对行情没有任何把握，不知该做哪个方向，更不知选择进出的时机，只是到处打听消息，随意相信他人，随意进出，这种“交易系统”则是必然失败的。

另外有一种投资者，他们建仓后，如果行情向有利方向发展，盈利了就产生贪心心理不舍得卖，等待行情继续发展。但市场哪有只涨不跌或只跌不涨的行情呢？行情随时可能反向转折，结果又心存侥幸，期待反转是短期的调整，很可能会再度回归原有趋势。但行情往往一去难返，不但之前的盈利全部吐出，而且亏损常常接踵而至，亏损程度甚至逐渐加剧，最后由于希望破灭，无奈之下只能巨亏出局。这是最为失败的一种交易系统。

很多投资者在最初进入市场的时候，对市场没有系统的认识，往往会根据对市场的某种片面的认识就肯定或否认一种交易思路的可行性。但实际上，要想客观地评价一种交易方法，需要从该方法在概率统计意义上的有效性方面进行确认，无论是随机还是非随机的价格波动，其中不具备统计意义的部分只能给投资人以局部获胜的机会而没有长期稳定获胜的可能。而交易系统的评价方式可以帮助投资者有效地克服对方法认识的盲目性和片面性。交易系统还可以帮助投资人有效地控制风险。实践证明，不使用交易系统的投资人，难以准确而系统地控制风险，缺乏交易系统做指导时，投资人很难定量评估每次进场交易的风险，并且很难评估单次交易的风险对总体风险中的影响。而交易系统的使用，可以明确地告诉投资人每次交易的预期利润率、预期损失金额、预期最大亏损、预期连续盈利次数、预期连续亏损次数等，这些都是投资风险管理的重要参数。另外，帮助投资人有效克服心理弱点，应该是交易系统的最大作用。交易系统使交易决策的过程更加程序化、公开化、理性化。投资人可以从在情绪支配下处于模糊状态的选择方式转变为理性的数值化的选择方式，该过程只需要单纯判定系统信号的反映以及执行信号所代表的决策。

交易系统并不能将利润最大化，它是规则，是纪律，也是约束，更是对投资者的一种保护。交易系统的建立是投资者入市之前必须要确立的。

四、在交易系统中市场分析是不是很重要？

其实在期货市场上，任何买卖的操作，都应建立在分析判断行情的基础之上，而且市场行情分析判断的准确性会成为之后盈利之基础和必要条件。但成功的投资不仅需要正确的市场分析，还需要正确的风险管理和正确的心理控制。三者之中心理控制是最重要的，其次是风险管理，第三位的才是分析技能。市场上恰恰有大部分人只重视行情的分析和判断，这是非常偏颇和不完善的。

市场分析是管理的前提，只有市场分析的正确，才能建立起具有正期望值的交易系统，发挥其最大效用，而心理控制正是两者的桥梁和纽带。一个人如果心理素质不好，则往往会偏离正确的市场分析方法，以主观愿望代替客观分析，这常常会背离风险管理的基本原则。

五、对投资者而言，建立交易系统要做好哪些方面的工作？

具体来说，首先要明确投资理念，选用较为适宜的分析方法，还要确定合适的交易方式，制订交易计划，最后要进行评估分析。只有这五项工作都做好了，才算完成了交易系统的建立。

六、什么是投资理念？

理念是我们对某种事物的观点、看法和信念，投资理念就是指我们对于投资所秉持的投资哲学、投资信仰，比如著名的投资者巴菲特常说他的投资理念是“持有普通股就是拥有企业一部分”。投资理念一般有价值型和趋势型两种，价值型投资者认为市场是无效的，他们在资产被低估时买入，待资产高估时卖出，巴菲特是价值型投资者的典型代表；趋势型投资者认为市场是有效的，他们采取跟随市场的投资策略。价值型投资又可分为绝对价值型和相对价值型，趋势型也分为长期、中期和短期三种。投资者理念的不同，直接决定其分析方法的不同，价值型投资者需要先评估资产的价值，通过比较价格与价值才能看出资产是被高估或者低估；趋势投资者只是判断市场价格运行的趋势，而不必评估资产的价值。

投资理念是交易系统的关键因素，它决定了投资者在市场交易中的角色，投资者要根据自身性格和习惯选择适合自己的投资理念，成功的投资者一般都坚持自己的投资理念。

七、在建立交易系统时应该如何确定交易周期？

投资者在创建自己的交易系统之前，首先要明确自己是什么类型的投资人，自己的交易方式是倾向于短线交易、中线交易，还是长线交易？投资人是每天都在电脑前关注行情走势，还是偶尔看一下行情的具体点位？或确认其准备持仓时间的长短。一个投资人，首先要明确地知道自己的投资性格，其次根据不同的投资性格确定相应的投资交易周期，交易系统一旦确定，开仓条件、止损止盈条件都应与其匹配。

八、如何选用分析方法？

投资理念一经确立，投资者就可以选用自己擅长的分析方法。通常，价值型投机者使用基本面分析方法，趋势型投机者使用技术分析的方法来分析判断行情。

基本面分析方法，一般可以判断行情上涨或下跌的决定性因素，进而把握行情的大趋势，相对而言比较适合于中长线投资者。而对于短期投资者原则上尽量选择技术指标与基本面方向一致的操作机会，避免逆基本面方向操作，这样可以较大限度地减少行情方向上的失误。

九、做技术分析时如何简单且容易地掌握确认指标？

盈亏比与胜率是技术交易系统的关键指标，顺势而为是有效提升胜率的盈利法则。投资者的目标是最快地确认趋势，并追随趋势。而较为常用的确认趋势的方法包括观察形态、指标、画线等方式。当然其他一些因素，也是可以帮助投资者确认趋势，只是因人而异。

技术分析往往易于掌握，其交易规则更加明确。投资者可根据历史行情对交易系统进行复盘验证，明确其开仓、平仓、止盈、止损和仓位管理的规则。在交易经验不断积累的同时，可适当调整系统规则，最终确认最适合自己的交易系统。

十、投资者如何规划风险控制范围?

对于投资者而言，进入市场建仓容易，而退出市场如何止盈与止损却是相对较难的，其中的止损是相对更加重要的，投资者在建立交易系统时，一定要考虑止损问题。事实上一个优秀的投资者，首先思考的问题是他能承受多大的损失，而后才是在此基础上去考虑盈利。每个投资者愿意或者说能够承担的交易风险都是不同的，所以要根据投资者的资金状况和风险承受水平等特点设置止损及止盈策略，进而对交易系统的风险控制范围进行规划。目前市场上大多数交易软件均可设置止损提示，一旦市场行情超越事先设置的止损价格，计算机可以在第一时间进行平仓止损。

十一、如何确定合适的交易方式?

一般来说，不同的投资者采取的交易方式是不一样的，同一投资者针对不同的市场行情采取不同的交易方式。比如技术型投资者多采取单边多头或空头的策略；宏观型投资者中有的会采取指数化投资策略；价差型投资者更愿意采取套利交易而非持有单边头寸等等。

对于一般投资者来讲，单边多头或单边空头是最常用，也是最简单的交易方式。

十二、怎样制订交易计划?

制订完善的交易计划有助于期货交易的成功，交易计划实际上体现了个人的交易方法和具体的风险控制及出市原则。一般来说，完整的交易计划包括目标品种选择、入市建仓、退出平仓、增（减）仓和风险及资金管理等内容，通常情况下，交易计划的制订应力求简单且易执行，如果交易计划模糊或不易执行则失去了意义。

十三、投资者如何确定具体的进出场点位?

当风险控制范围确定后，接下来最重要的任务就是确定具体的进出场点位了。在期货市场上，对于出场点，一种方法是按照前面讲到的止盈止损的交易策略进行离场操作，另外一种方法是提前设定退场指标信号，比如当某个指标出现趋势反转信号时进行离场操作。无论是哪种方法进行离场操作，关键的问题都是要离场，市场上常听说“会买的是徒弟，会卖的是师傅”就是这个道理。设定好自己的进出场点位，并严格按照其进行操作，贯彻好交易策略，是交易系统发挥作用的重要环节。

十四、如何按照交易过程进行评估分析？

想要提高自己的投资分析能力，并且将交易系统打造得越来越完善，必须要严格按照交易系统进行操作，并在操作之后评估验证。评估分析是对交易过程及结果的分析和总结，评估分析要做的工作有记录交易过程、对交易分类和分析以及分析资产净值变化等。分析总结的目的是评估和改善交易系统。而这种验证需建立在长时间的大量交易之后，有了足够多的有效数据后才能进行。这时只要打开您的交易端，调出按照自身交易系统操作的结算单，然后记录下最大的单笔亏损，以及平均的收益率、风险报酬比率等，就可以进行评估分析。一般可以选取三个月为周期进行测试。当然，也可以先利用模拟系统进行操作并验证，即用虚拟资金对自己的交易系统进行检查。

十五、一般投资者如何参与 PTA 期货交易？

对于一般投资者而言，你可能熟悉也可能不熟悉 PTA。

对于熟悉 PTA 品种基本面情况的投资者，我们建议您首先分析 PTA 基本面供需形势，充分利用供需矛盾。其次结合技术分析，决定您的参与方向和进出时机。基本面分析要从基本影响因素及自身供求两方面同时探究。影响价格变化的基本因素，概括起来主要有以下几个方面：

1. 经济周期。在商品期货市场上，无论什么品种，其价格走势都与经济发展周期密切相关。价格变动除受供求关系影响外，更大的影响因素当数经济周期。大多商品价格的主要走势均与经济周期同步，即使对于自身供求矛盾极度突出的产品，也会很大程度上受到经济周期的影响。

2. 政府政策。各国政府制定的政策和措施会给期货市场价格带来不同程度的影响。如财政政策、货币政策、产业政策等，都会对期货产品产生积极或消极的影响，值得密切关注。

3. 政治因素。期货市场对政治气候的变化非常敏感，各种政治性事件的发生常常对价格造成不同程度的影响。

4. 社会因素。社会因素指公众的观念、大众的心理倾向、媒体传播的信息等。

5. 季节性因素。许多期货商品都存在明显的季节性特征，PTA 的生产没有季节性特点，但下游产品的消费存在明显的季节性，所以其价格亦随季节变化有所波动。

6. 心理因素。所谓心理因素，就是交易者们对市场行情预判的信心，一般被称作“市场人气”。如对某商品看好时，即使无任何利好因素，该商品价格也会上涨，市场人气旺盛时，对利多会出现过度和超强的反应，而此时对利空的反应会极度淡漠；当市场价格持续下滑人心涣散时，利空因素往往会被放大，而利多因素则经常会被忽视，惯性的下跌也将持续。

7. 供求关系。期货交易是以现货交易为基础而产生的，因此它的价格变化与现货一样受市场供求关系的影响。供求关系是价格的决定性因素，当供大于求时，期货价格下跌；反之，期货价格就上升。

8. 突发因素。当突发因素出现时，要分析突发因素的作用点。其实突发因素发挥作用的机制就是通过大众对于供求影响的预期影响供求关系，进而在短期内快速影响价格的过程。

9. 金融货币变动因素。通货膨胀因素的影响，也会间接影响商品的价格。比如美元作为大宗商品定价的主要货币，其贬值必定会给大宗商品价格带来压力。另外国家为抑制通胀或刺激经济等，经常会利用各种货币政策，给汇价以及利率带来波动，这也会给期货市场带来明显的影响。

商品价格的波动主要是受市场供应和需求等基本因素的影响，即任何减少供应或增加消费的因素，都将带来价格上涨的拉力；反之，任何增加供应或减少商品消费的因素，都可能导致库存增加，并对价格产生压力。然而，随着经济的发展，一些非供求因素也逐渐对期货价格的变化产生越来越大的影响。只有把握了基本面形势，才能把握住商品价格发展的大势，这也是做好期货交易的前提条件。

对于了解和掌握基本面形势的投资者，建议做 PTA 产品时，以中长线（可以是几个月、半年或更长时间）的操作思路为主，把握行情发展的大趋势，往往会收到非常理想而可观的效果。

而对于不熟悉基本面形势和 PTA 自身供需状况的投资者而言，就要着眼于技术分析，以适合自己的交易方式来确定交易周期。尽可能顺从行情发展的大趋势，尽量做到“顺势而为”，才会收到较为理想的效果。

尽管不同商品有不同的基本面形势，但一般技术分析对于任何商品品种都是适用的。技术分析者认为“市场行为反应一切基本面信息”，所以只要分析技术指标就足够了。技术分析通过市场已经反映出的价格、成交量及持仓量等市场行为来预测价格未来的走势，而且技术分析的方法易于掌握，有明确的买卖信号，用技术指标也可以很好地设置止盈及止损点。另外，由于 PTA 的价格特点是趋势性强，运用技术分析的方法同样可以很好地把握其价格发展的大方向。

十六、技术分析的基本假定都有哪些?

技术分析有三大基本假设：市场行为涵盖一切信息、价格以趋势方式演变、历史会重演。

（一）市场行为涵盖一切信息

“市场行为涵盖一切信息”构成了技术分析的基础。技术分析者认为，能够影响某种商品期货价格的任何因素，如基础的、政治的、心理的或任何其他方面的，实际上都反映在其价格之中。即影响市场价格的所有因素最终必定要通过市场价格反映出来，那么，我们研究价格变化就足够了。这个假设的实质含义是价格变化必定反映供求关系，如果需求大于供给，价格必然上涨；如果供给大于需求，价格必然下跌。供求规律是所有经济预测方法的出发点。图表分析者通常不理会价格涨落的原因，而是在价格趋势形成的早期或者市场正处在关键转折点的时候进入。这时往往没人确切了解市场走势为什么会如此，只有技术分析者经常可以提前发现转折的迹象。

（二）价格以趋势方式演变

“趋势”的概念是技术分析的核心。研究价格图表的全部意义，就是要在一个趋势发生发展的早期，及时准确地把它揭示出来，从而达到顺着趋势交易的目的。事实上，技术分析在本质上就是顺应趋势，即以判定和追随既成趋势为目的。由于“价格以趋势方式演变”，对于一个既成的趋势来说，下一步常常会沿着现存趋势方向继续演变，而掉头反向的可能性要小得多。坚定不移地顺应一个既成趋势，直至有反向的征兆为止。

（三）历史会重演

技术分析和市场行为学与人类心理学有着千丝万缕的联系。比如价格形态，它们通过一些特定的价格图表形状表现出来，而这些图形表示了人们对某市场看好或看淡的心理。既然它们在过去很管用，就不妨认为它们在未来同样有效，因为它们是以人类心理为根据的，而人类共性的心理和行为特征往往会在相似的博弈状态和市场条件下产生相似的博弈结果。

十七、技术分析的基础性指标都有哪些？

对于期货市场，价格技术分析的主要基础指标有开盘价、收盘价、最高价、最低价、成交量和持仓量等。

1. 开盘价，开市前 5 分钟集合竞价产生的价格。
2. 收盘价，收市前 5 分钟集合竞价产生的价格。
3. 最高价，为当日的最高交易价格。
4. 最低价，为当日的最低交易价格。

5. 成交量，为在一定的交易时间内某种商品期货在交易所成交的合约数量。目前国内期货市场，计算成交量以买入量或卖出量单边计算。

6. 持仓量，指当日收市后买入或卖出后尚未对冲及进行实物交割的某种商品期货合约的数量。未平仓合约的买方和卖方持有量是相等的，未平仓合约量是买方和卖方单边的数量。分析持仓量的变化可推测资金在期货市场的流向。未平仓合约量增加，表明资金流入期货市场；反之，则说明资金正流出期货市场。

十八、成交量、持仓量的变化对价格的发展有什么影响？

可以肯定成交量和持仓量的变化对期货价格是会产生影响的。反过来，期货价格变化也会引起成交量和持仓量的变化。因此，分析三者的变化，利于正确预测期货价格的走势。

1. 成交量、持仓量同时增加，价格上升，表示新买方正在大量介入，短期内价格还可能继续上涨。

2. 成交量、持仓量同时减少，价格上升，表示卖方大量止损割肉平仓，价格短期内会向上继续，但不久将可能回落。

3. 成交量增加，持仓量减少，价格上升，说明空头和多头都在大量平仓，预示着价格很快将会下跌。

4. 成交量、持仓量同时增加，而价格下跌，表明空头大量介入，短期内价格还可能下跌，但如空头过度介入，却很可能使价格上升。

5. 成交量、持仓量同时减少，而价格下跌，则表明大量多头急于止损出局，短期内价格将继续下降。

6. 成交量增加、持仓量和价格同时下降，则表明价格在下跌过程中多头止损出局，空头则利用这个时机平仓获利，价格有可能转而回升。

在一般情况下，如果成交量、持仓量与价格同向变化，其价格趋势可继续维持一段时间；如两者与价格反向变化时，价格走势可能转向。当然，这还需结合不同的价格形态作进一步的具体分析。

十九、如何理解“顺势而为”的含义?

(一) 趋势的定义

趋势的概念是技术分析的核心内容。图表分析者所使用的，如支撑和阻挡水平价格形态、移动平均线、趋势线等，就是帮助我们判断市场趋势，从而顺应趋势的变化方向做交易，争取更多的获利机会。

从一般意义上说，趋势是指市场行进的主要方向。而在通常情况下，价格的随机性也往往使价格运动的特征呈现曲折不定的变化，它的运行轨迹好似一层层前赴后继的波浪，具有相当明显的峰和谷。所谓市场趋势，正是由这些波峰和波谷依次上升或下降的方向所构成的。无论这些峰和谷是依次递升，还是依次递降，或者横向延伸，其方向就构成了市场的趋势。所以，我们把上升趋势定义为一系列依次上升的峰和谷；把下降趋势定义为一系列依次下降的峰和谷；把横向延伸趋势定义为一系列依次横向伸展的峰和谷。

(二) 市场运行趋势的三个方向

从一般的市场运行态势看，常常具有三个运动方向：上升、下降以及横向延伸。而除去主要的上升和下跌的趋势外，横向的水平趋势也是市场运行的一种常态。这种水平伸展的状况表明，市场在一段时间内处于均衡状态，也就是说，价格在水平运行的区间内，供求双方的力量达到了相对的平衡。尽管这种持平的市场呈现出横向延伸趋势，但是更通用的说法还是“没有趋势”。

在期货市场上，对于追随行情的趋势会有三种选择：先买后卖（做多头)、先卖后买（做空头)、静观等待。当市场价格上升的时候，先买后卖当然是上策。而在市场下跌的时候，第二种选择则是首选。对于追随上升或下降的趋势，是很容易理解的，也便于掌握。但当市场进入横向的、持平的或者说“没有趋势”的阶段时，技术型交易者是不是就没办法获利了呢。从顺应趋势的理解来说，顺势，则首先必须要有趋势，但这并不意味着无计可施，其实对于横向的延伸，完全可以按照箱型的底吸顶抛的震荡操作，也可在没有趋势的市场环境之中轻松获利。但对于保守的投资者而言，在市场横向延伸的时候，等待机会通常也是最明智的选择。

（三）趋势的三种类型

趋势不但具有三个方向，而且通常还可以划分为三种主要类型：主要趋势、次要趋势和短暂趋势。实际上在市场上，从持续几分钟到数小时的非常短暂的趋势开始，到延续 50 年乃至 100 年的极长期趋势为止，随时都有无数个大大小小的趋势同时并存、共同作用。

二十、如何把握价格形态？

（一）价格形态的定义

价格形态是股票或期货价格图形上特定的图形或模式，它是市场资金多空博弈的历史轨迹，往往重复出现。

（二）价格形态的分类

反转型和持续型。反转形态意味着趋势正在发生重要反转，主要的反转形态有头肩形态、双重顶（底）、三重顶（底）、V 形顶（底）以及圆形（盆形）顶（底）等形态。持续形态表明市场很可能仅仅是暂时作一段时间的休整，持续形态一般包括三角形整理形态、矩形、旗形和楔形等形态，在持续形态之后，现存趋势仍将继续发展。所以在形态形成的过程中尽早判别出其所属类型是十分必要的。成交量在所有价格形态中都起到重要的验证作用。在判别形态时，成交量的形态变化是判断当前价格形态可靠有效的工具。持续形态通常出现于趋势行进的过程中，其表现为休整状态，而不是趋势的反转，算不上主要形态，因此，通常被归纳为中等的或次要的形态。

（三）反转形态的基本要素

判别反转形态，需要对其共同的基本要素进行确认：

1. 在市场上事先确认趋势存在，是所有反转形态存在的前提。
2. 重要的趋势线被突破是现行趋势即将反转的重要信号。
3. 形态的规模越大，随之而来的市场动作越大。
4. 顶部形态所经历的时间通常短于底部形态，但其波动性较强。
5. 底部形态的价格范围通常较小，但其酝酿时间较长。
6. 成交量在验证向上突破信号的可靠性方面，更具参考价值。

二十一、如何把握趋势的要点？

（一）确认原有趋势的存在

市场上确有趋势存在是所有反转形态存在的先决条件。市场须先有明确的上涨或下跌，然后才谈得上反转。在辨别形态的过程中，正确把握趋势的总体结构，有的放矢地对最可能出现反转信号的阶段提高警惕，是成功的关键。

（二）重要趋势线的突破

即将出现反转的时候，经常以突破重要的趋势线为先兆。但主要趋势线被突破，并不一定意味着趋势的反转。因为主要趋势线被突破后，接下来的发展有两种可能：反转形态和持续形态。所以，之后要根据事态的进一步发展，来确认行情的新形态。

（三）形态的规模越大，则随之而来的市场动作也越大

这里所谓规模的大小，是就价格形态的高度和宽度而言的。高度标志着形态波动性的强弱，而宽度则代表着该形态从发展到完成所花费时间的长短。形态的规模越大随后价格的形态高度会越高、经历的时间也会越长，那么该形态就越重要。

（四）顶和底的比较

顶部形态与底部形态相比，“顶”的持续时间短但波动性更强。在顶部形态中，价格波动不但幅度更大，而且更剧烈，它的形成时间也较短。底部形态通常具有较小的价格波动幅度，但持续的时间会较长。所以，通常辨别和捕捉市场底部比其顶部会更容易些。

（五）成交量在验证向上突破信号时具有重要意义

成交量一般是顺着市场趋势的方向相应地增长，所以市场常把成交量作为验证所有价格形态完成与否的重要线索。任何形态在完成时，均将伴随成交量的显著增加。但在趋势的顶部反转过程的早期，成交量并不一定放大。而在价格下跌的同时，交易活动会逐渐放出。然而，在底部反转过程中，交易量的相应扩张，却是向上突破的必然信号。当价格向上突破的时候，一定要配合放大的成交量，否则价格形态的可靠性就值得怀疑了。

二十二、市场参与者按持仓时间跨度的不同可以分为几种类型?

依据持仓时间跨度的不同，一般市场参与者分为日内交易型和隔夜交易型。日内交易型投机者于当日买进（或卖空），于当日交易结束前卖出（或买入），当天交易结束后不留仓。日内交易者采取的交易策略统称为日内交

易策略。日内交易机会多，但对时间要求高，适合职业交易者。

（一）日内交易的优势

1. 风险控制优势，因为日内交易的连续性可以避开隔夜交易中因外盘和消息面造成的不利影响。

2. 交易机会多，由于日内交易者关注更小时间内的波动，市场交易机会相对较多。日内交易者通过频繁的交易，可以积小利成大利。

（二）日内交易的局限性

1. 频繁的交易使交易成本增加，需要较高的交易胜算概率抵消增加的成本。

2. 时间的局限性，需要充裕的时间，一般适合专业的投资者。

3. 资金体量不宜持续扩大，由于市场流动性的限制，当投资者资金达到一定量级，实际交易过程中容易造成滑点。

（三）隔夜交易型

相对日内交易而言，凡当天交易结束后留仓的都属该类型交易。

二十三、市场参与者按分析预测方法的不同可以分为几种类型？

依据分析预测方法的不同，一般可将市场参与者划分为技术型、基本面型、混合型三种。技术型投机交易主要基于历史交易价格、成交量、时间等技术要素，交易决策本质上以价格为基础，采取的交易策略一般分为跟随趋势型策略和反趋势型策略。

1. 跟随趋势型策略是指交易者寻找价格向上或向下的趋势，然后跟随市场趋势做多或者做空，力图在趋势结束前获利，该类型投资者多采取动量交易策略。跟随趋势型策略优势：趋势确立后，跟随趋势比较容易操作。局限性：趋势的判断标准并不唯一，趋势延续的时间长短难以有效预测。

2. 反趋势型策略是投资者不跟随当前市场趋势，而是预测趋势即将发生变化进行抄底抛顶，即当价格运行至支撑位时买入，上行至阻力位时卖出。反趋势型策略的优势：一旦抄底抛顶成功，对随后的交易管理非常有利，盈利同样可观。其局限性：要能做到抄底抛顶需要非常深厚的功底，实践中成功率非常低。

基本面型投机交易的决策是基于投资者用基本面分析方法对商品作出的价格预测，依据预测价格变化的方法不同可分为宏观型、事件型、行业型和价差结构型等，采取的交易策略有：宏观型交易策略、行业型交易策略、事件型交易策略和价差结构型交易策略。

1. 宏观型交易策略是投资者通过分析宏观经济的发展状况作出交易决策，交易头寸持有的时间一般长达 1 年或几年以上。

2. 行业型交易策略是投资者通过分析某一行业的发展变化作出交易决策，交易品种一般固定在某一个或某一类。行业周期性交易策略主要依据行业周期性指标来决定交易方向，按照时间的长短，可以分为长周期交易策略和短周期交易策略。

3. 事件型交易策略是投资者通过分析已发生的某些事件或将要发生的事件所引发的某种预期性投资热点对价格的影响作出的交易决策。这种策略具有很大的风险性，但是良好的预期会激发市场的热情，带动相关价格出现快速上涨或下跌，实现快速的收益。所以很多投资者会积极采用事件型交易策略。

4. 价差结构型交易策略是通过分析某一商品的内外盘价差、期货和现货之间的价差、不同合约间的价差及相关商品间的价差偏离水平而作出的交易决策，一般是在价差低估的时候买入，价差高估的时候卖出。价差结构型交易者基于对正常价差的把握，利用均值回归原理，即期望价差会向历史均值回归。

混合型投机交易者不单纯依赖于某一种分析方法，而是将技术分析、基本面分析及其他各种分析方法结合起来使用。混合型投机交易主要有三类，一类是以基本面为主，利用基本面分析确定买卖的方向，利用技术分析确定入市时机；另一类是以技术分析为主，基本面信息只作参考而非交易决策的决定性因素；除以上两类外，市场中也存在一些类似跟踪主力的博弈型投机者，其观察市场多空主力持仓结构，将这一信息作为决策的重要依据，基本面分析和技术分析作为补充。

二十四、趋势交易者是如何分析和操作的？

采用跟随趋势型策略的交易者通常被称为趋势交易者，趋势交易者主要是研究和判断市场是否有趋势，趋势是向上还是向下，以及趋势是否结束。趋势按时间划分，有持续几分钟的日内趋势，也有持续数日、数周、数月甚至数年的长期趋势，日内交易者和隔夜交易者都可以是趋势交易者。趋势交易者常用的工具有：趋势通道、支撑和阻挡、移动平均线、价格形态等。

如图 7－1 所示，对趋势交易者而言，当价格运行至 A 点向上成功突破阻力位后，则新一轮上升趋势确立，买入信号出现；若价格在 B 点向下突破盘整区间的支撑，则后市看跌，卖出信号出现。

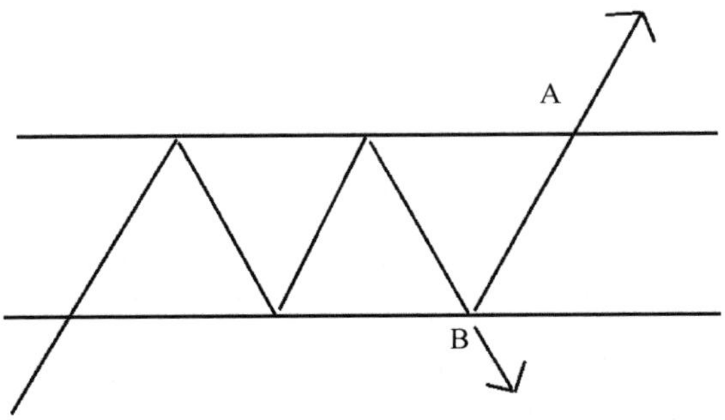

图 7－1 跟随趋势交易示意图

案例 7－1

跟随趋势操作

从图 7－2 中可以看出，2018 年 7 月下旬郑州 TA1809 合约从 B 点突破前期高点 A，对趋势交易者来说，市场发出了买入信号，随后 PTA1809 价格出现连续上涨行情。某投资者依此信号入场做多 TA1809，其结果如表 7－1 所示。

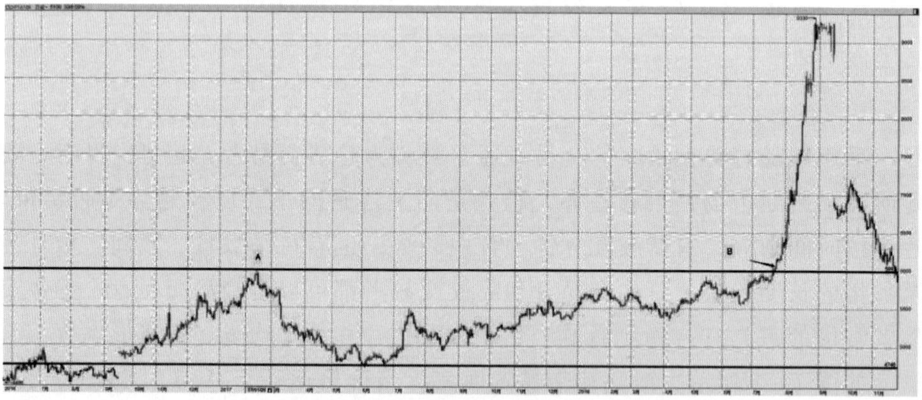

图 7－2　TA1809 合约日价格

表 7－1　具体结果

时间及盈亏	期货 TA1809 操作
2018 年 7 月 19 日	在 B 点以 6000 元/吨买入 TA1809 合约 10 手（5 吨/手）
2018 年 8 月 17 日	8000 元/吨全部平仓
盈亏情况	盈利：（8000－6000）×5×10＝100000 元

此次操作的结果，做多 TA1809 合约 10 手（5 吨/手），盈利空间 2000 点，1 个月左右时间平仓结束操作，最终盈利 10 万元。

二十五、反趋势交易者一般是如何操作的？

采用反趋势型策略的交易者通常关注支撑与阻力。反趋势交易者主要研究和判断市场的支撑位与阻力位，当价格回落到价格运动区间的支撑位时买入，当价格上升到区间的阻力位时卖出，一旦市场的支撑与阻力有效突破，反趋势交易就需要止损。反趋势交易者常常需要研究支撑和阻挡价格水平、趋势线、移动平均线、价格形态等，判断市场的趋势是否会发生变化，如图 7－3 所示。

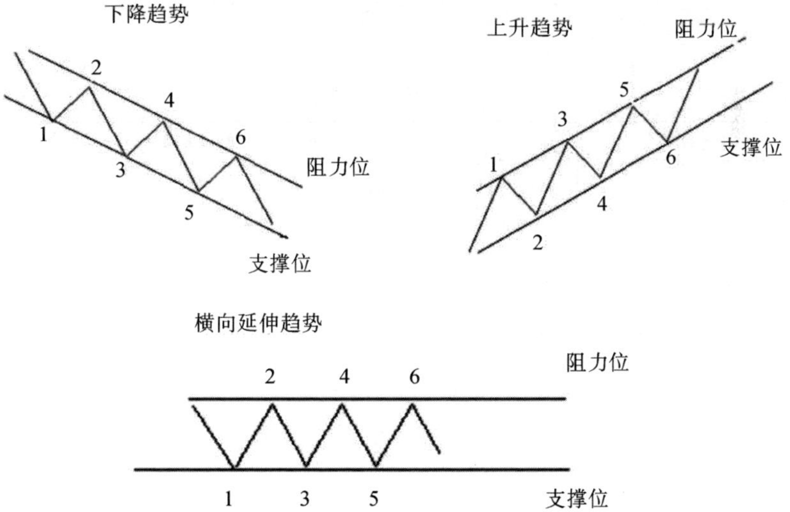

图 7－3　反趋势交易示意图

案例 7－2

反趋势操作

参考图 7－4，2019 年 2 月初郑州 TA1909 合约价格运行至前期高点 A

和 B 构成了一条阻力线，当价格运行至阻力线“C”附近时，对反趋势交易者来说，市场发出了卖出信号，某反趋势交易者此时选择卖出 TA1909 合约的抛空操作，其交易结果如表 7－2 所示。

图 7－4　郑州 TA1909 合约日价格

表 7－2　具体结果

时间及盈亏	期货 TA1909 操作
2019 年 4 月 15 日	在 C 点以 6450 元/吨卖出 TA1909 合约 10 手（5 吨/手）
2019 年 4 月 18 日	6050 元/吨全部平仓
盈亏情况	盈利：（6450－6050）×5×10＝20000 元

此次操作的结果，做空 TA1909 共 10 手（5 吨/手），盈利空间 400 点，四日即平仓结束操作，最终盈利 2 万元。

跟随趋势和反趋势都是针对特定级别的趋势而言，或者是投机者关注的那个级别的趋势而言，在一个小级别趋势中，投机者可能是反趋势的，但是在更高级别趋势中，可能是跟随趋势的。在实际交易中很难说一个投资者是趋势交易者还是反趋势交易者，投资者往往既采用跟随趋势交易策略，也会采用反趋势交易策略，具体采用哪种策略，取决于投资者对市场状态的理解和投资者的交易习惯。

二十六、宏观型交易者都有哪些？

宏观型交易策略主要是利用宏观经济的基本原理来识别金融资产价格的失衡错配现象，采用宏观型交易策略的典型投资者有商品指数基金和宏观对冲基金。

商品指数基金是通过被动地跟踪商品指数，采取买入并持有的策略投资于商品市场，获取商品市场的平均收益，达到抵御通货膨胀和美元贬值风险的目的。宏观对冲基金通过对股票、货币、利率以及商品市场的价格波动进行杠杆押注，来尝试获得尽可能高的正投资收益。

全球宏观对冲基金交易可被分为两大类，直接的定向型交易和相对价值型交易。定向型交易指经理们对一种资产的离散价格的波动情况下注，比如做多美元指数或做空日本债券。相对价值型交易指通过同时持有一对类似资产的多头和空头，以期利用一种已被发现的相对价格错位来盈利，比如在持有新兴国家的股票多头的同时做空美国股票，或者在做多 29 年期德国债券的同时做空 30 年期德国债券。

案例 7－3

联动品种交易策略

从图 7－5 中可以看出，NYMEX 原油的价格从 2020 年 4 月的 6.5 美元/桶上涨到 2020 年 6 月的最高值 70 美元/桶，期间商品指数基金和宏观对冲基金长期持有大量的多头，主要原因是疫情后世界经济的复苏导致对原油需求的增加，还包括通胀预期、美元贬值等因素。

如果判断原油价格会出现大幅上涨，通常情况下，作为原油下游的 PTA 价格也会跟随上涨。所以可以用 PTA 期货作为投资品种。某投资者决定买入 PTA 期货，具体情况如表 7－3 所示。

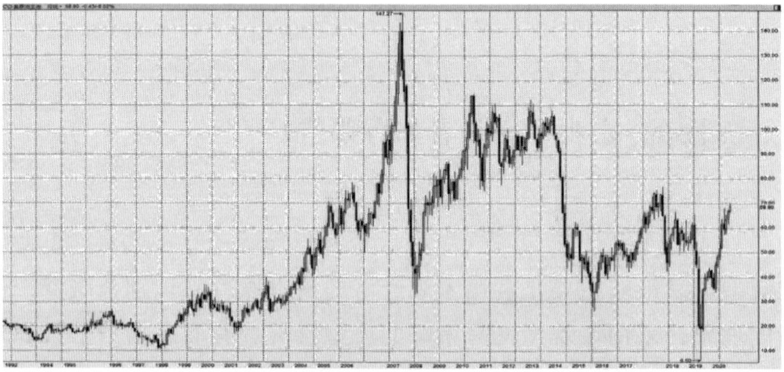

图 7－5　2003 年以来 NYMEX 原油月价格走势

表 7－3　　具体结果

时间及盈亏	期货 TA2009 操作
2020 年 4 月 23 日	以 3300 元/吨卖出 TA2009 合约 10 手（5 吨/手）
2020 年 6 月 8 日	3800 元/吨全部平仓
盈亏情况	盈利：（3800－3300）×5×10＝25000 元

此次操作的结果，TA2009 做多 10 手（5 吨/手），盈利空间为 500 点，经过了一个半月后平仓结束操作，最终盈利 25000 元。

二十七、行业型交易者有什么特点？

行业周期性交易策略主要依据行业周期性指标来决定交易方向，按照时间的长短可以划分为长周期和短周期。有些商品，如原油和金属，它们的供应周期较长，需要从地质勘探、道路电力等基础设施建设、开采到提炼才能形成产品，往往需要数年时间。有些商品的产业周期较短，如农产品，一般是一年一季，有的品种甚至是一年多季，季节性波动常常是影响农产品价格的主要因素。行业型交易策略在基本分析中占据非常重要的地位，因此需要将长周期和短周期两种情形分开介绍。

（一）长周期交易策略

在长周期交易策略中，最常用一些行业的关键指标来决定交易方向，行业关键指标高低趋势变化正面或侧面反映了供给和需求的变化趋势，直接或间接反映了该行业的供需紧张情况，从而为未来的价格发展指明了方向。如行业利润水平如果大大高于正常利润，则未来会有更多的投资去扩大产能，导致未来的供给快速增加，对未来的价格产生重大影响。

案例 7－4

长周期交易策略

如图 7－6 所示，2020 年 10 月，PTA 总库存天数同比处于历史绝对高位，产能过剩凸显，当月 PTA 总产能达 5483 万吨。而之后预期新增产能的投放更是加剧了产能过剩问题的严重性。独山能源投产之后 PTA 总产能将达到 5703 万吨，与聚酯产能相比，PTA 产能过剩约 376 万吨。检修带来的小幅去库存只是短期内的效果，并不具有持续性，更难以解决高库存问题。中期来看，如果检修无法继续维持的话，PTA 仍会延续累库趋势。某投资者是 PTA 贸易的从业人员，此时他预计未来一个月 PTA 必定会供应过剩，行情必定会出现持续的下跌，所以决定做空 PTA2101 期货，具体交易结果如表 7－4 所示。

图 7－6　PTA2101 合约价格走势

表 7－4　　具体交易结果

时间及盈亏	期货 TA2101 操作
2020 年 10 月 19 日	以 3650 元/吨卖出 TA2101 合约 10 手（5 吨/手）
2020 年 11 月 10 日	3300 元/吨全部平仓
盈亏情况	盈利：（3650－3300）×5×10＝17500 元

从此次操作的结果来看，做空 10 手（5 吨/手）TA2101，盈利空间 350 点，经过 1 个月后平仓结束操作，最终盈利 17500 元。

（二）短周期交易策略

短周期交易策略主要是应用在农产品的季节性上，相对而言农产品受季节性因素的影响比较明显。当然其他商品也有自身的季节性，通常 PTA 下游纺织面料需求的季节性变化就比较明显。例如，一般每年的春秋两季下游会有明显的销售热潮，因此 PTA 价格在 7 月和 8 月是传统看涨的季节。下游的淡旺季会传导给 PTA，使其的需求也随之变化，上涨行情的持续性取决于需求信心的恢复程度。

案例 7－5

短周期交易策略

参考图 7－7，2019 年 6 月中旬 PTA 期货行情连续下跌，某位行业内人士分析 PTA 的需求旺季来临，PTA 的价格可能会有阶段性反弹，这位投资者决定做多 PTA 期货，具体交易结果如表 7－5 所示。

从此次操作的结果来看，TA1909 做多 10 手（5 吨/手），盈利空间 1300 点，经过了 15 个交易日后平仓结束操作，最终盈利 65000 元。

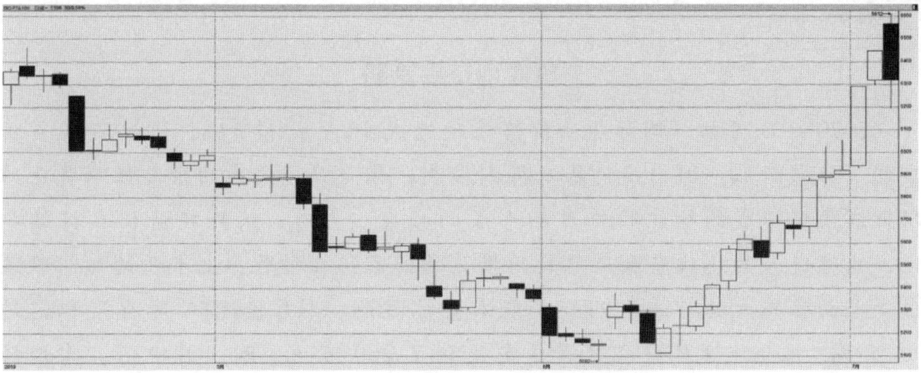

图 7－7　PTA1909 合约价格走势

表 7－5　具体交易结果

时间及盈亏	期货 TA1909 操作
2020 年 6 月 13 日	以 5200 元/吨买入 TA1909 合约 10 手（5 吨/手）
2020 年 7 月 3 日	6500 元/吨全部平仓
盈亏情况	盈利：（6500－5200）×5×10＝65000 元

二十八、事件型交易者有什么特点?

事件型交易策略往往依赖于某些事件或某种预期引发的投资热点，虽然这种策略具有很大的风险性，但在良好的预期下，能够启动市场情绪，带动相关价格出现快速上涨或下跌，实现快速收益，因此易于引起市场的广泛关注，也成为很多投资者乐于采用的交易策略。这是一种自下而上的投资方法，不会仅仅因为利率、汇率等总体因素或总体趋势发生变化而进行交易，仅仅关注事件本身的进展。期货市场上的基本面事件包括气候灾难、病虫害、生产事故、进出口事件、关税政策、收储抛储等，交易事件如强制平仓、保证金变化、合约换月、交割规则变化等。

案例 7－6

事件型交易策略

2020 年 3 月初，国际原油价格暴跌造成 PTA 成本崩塌，PTA 期现货价格创下历史新低。国内疫情基本得到控制，但是疫情之后的报复性消费也难以抵消已经造成的纺织服饰产品形成的损失。当时，海外疫情仍在持续恶化，宣布进入紧急状态和采取封闭措施的国家仍在增长，上半年的纺织服装出口也面临较大的打击。PTA 产能本身已过剩，2 月份 PTA 库存累积超过 90 万吨，社会流通库存在 3 月中旬达到了 260 万吨。到 3 月中旬，需检修的 PTA 装置增加超过 1000 万吨，PTA 开工降至七成，但装置检修多集中在 3 月底重启，而需求端仍未见明显起色，PTA 库存在开工下滑期间短暂降库之后，后期仍会延续累库趋势。综合来看，PTA 供给在短期内因检修增加而下降，之后仍将延续累库趋势。另外，国内需求尚未完全恢复，出口需求又面临疫情打击，PTA 供需基本面依旧偏弱。某行业内人士认为，PTA 的下跌将会延续，该投资者通过分析后决定卖空 PTA 期货 2005 合约，结果 PTA 价格果真连续数日下跌。此次操作具体情况如表 7－6 所示。

表 7－6　　具体交易结果

时间及盈亏	期货 TA2005 操作
2020 年 3 月 9 日	以 3900 元/吨卖出 A2005 合约 10 手（5 吨/手）
2020 年 3 月 24 日	3300 元/吨全部平仓
盈亏情况	盈利：（3900－3300）×5×10＝30000 元

从此次操作的结果来看，做空 10 手（5 吨/手）TA2005，盈利空间 600 点，经过 9 个交易日后平仓结束操作，最终盈利 3 万元。

二十九、价差结构型交易者有什么特点？

价差结构型交易策略主要是根据同一品种的期现价差、不同月份合约的价差以及相关品种之间的价差来套利的交易策略。它依据的是均值回归原理，即假定价差会向历史平均值回归。这种策略包括期现价差交易策略、月间价差交易策略、内外价差交易策略和相关品种价差交易策略。

（一）期现价差交易策略

期现价差就是基差，即现货价格减去期货价格，期现价差交易策略主要依据基差大小来决定方向。基差过大的时候采取买入策略，基差过小的时候采取卖出策略。

（二）月间价差交易策略

月间价差是指期货不同月份合约的价格差，月间价差交易策略和期现价差交易策略相似，一般是买低卖高，或者是买相对低的合约卖相对高的合约。

（三）内外价差交易策略

内外价差是指同一期货品种的国内期货价格减去国外期货价格的差值，即国内价格相对于国外价格在扣除进口成本之后的价差（利润或者亏损）。内外价差交易策略主要依据内外价差大小或比例来决定交易方向，在进口盈利很大的时候采取抛空策略，在进口亏损很大的时候采取买入策略。

（四）相关品种价差交易策略

相关品种价差是指有内在经济联系的品种之间的价格差，如大豆、豆粕和豆油，原油和汽油，天然胶和合成胶，天然胶中的不同品种等。相关品种价差交易策略就是根据产业链上下游利润分配情况或者是替代使用的效益比来决定买卖的策略，其交易原则也是买相对低的卖相对高的。

案例 7－7

月间价差交易策略

2021 年 7 月 13 日，PTA2109 合约在突破 5000 元/吨之后企稳，某投资者认为在供需面偏紧背景下 PTA 仍有向上空间，但此时单边做多会面临波动率较大的风险，该投资者决定采用月间价差交易策略，于此时以 15 元/吨的价差买入10手2109合约，同时卖出10手2201合约。该投资者经过半个月时间的持仓，于7月27日以150元/吨价差平仓。具体交易情况如表7－7所示。

表7－7 具体结果

时间及盈亏	买入PTA2109，卖出PTA2201
2020年7月13日	以15元/吨价差买入10手（5吨/手）
2020年6月30日	以150元/吨价差（5吨/手）全部平仓
盈亏情况	盈利：（150－15）×5×10＝6750元

从此次操作的结果来看，盈利空间135点，平仓结束操作，最终盈利6750元。

三十、以基本面分析为主的交易策略有什么特点？

在以基本面分析为主的交易策略中，投资者主要通过基本面分析来判断市场价格的运行方向，之后再利用技术分析来选择最佳买卖时机。基本面分析为主的投资者着重研究各种因素与价格的内在联系和逻辑，它涉及面广，要求分析人员具有较强的专业理论知识，对国家宏观经济、微观经济、方针政策都要有所涉猎，要有政治上的敏感性和敏锐的洞察力，还需具备搜集各类信息和从中筛选出有用内容，并准确判断和推理的能力。但历史上一些最为剧烈的牛市或熊市在开始与结束阶段，几乎找不到表明经济基本面已发生改变的资料，等到信息纷纷传播出来时，新趋势早已开始。

三十一、以技术分析为主的投资交易有什么特点？

以技术分析为主的投资交易中，主要进行历史行情的推演，通过对图表进行分析，重点捕捉当下多空博弈的状态，通常表现为价格形态，在博弈分出胜负之后，追随胜利的一方，即顺势交易。在交易过程中更加看重盈亏比，即潜在的盈利空间大于可以承受的损失，在此基础之上，尽可能地提高胜率。一般来说，通过统计由技术分析为主确定的交易系统一段时间内的交易记录，只要盈亏比乘以胜率大于 0.5，则交易结果大概率是正向盈利的；若盈亏比乘以胜率小于 0.5，则其交易结果大概率是亏损的。因此，大部分以技术为主的投资交易者，在进行交易之前，可对交易系统进行反复模拟验证再进行交易。

三十二、以博弈行为为主的投资交易有什么特点？

在以博弈行为为主的交易策略中，投资者主要通过分析买卖双方的交易理由、资金实力来决定自己的买卖方向和入市时机，基本面和技术面分析作为补充。采用这种策略的投资者认为期货交易就是一个典型的零和博弈，在期货市场上多仓和空仓是相对的，有一个多仓就有一个空仓，有人赢就有人输。因此了解买卖双方的交易理由，观察和比较买卖双方的实力，再决定采用何种交易策略是非常有效的方法。通常此类交易者善于捕捉盘面上多空博弈的关键点位，并根据此类点位制定交易策略。

案例 7－8

以博弈行为为主的交易策略

如图 7－8 所示，2021 年 6 月 22 日 PTA2109 合约收盘 4910 元/吨，当日原油创疫情后新高，PX 价格当周大幅上涨，PTA 新装置暂未出产品，恒力石化 7 月 PTA 合约供应量减少 50%，结构性库存矛盾导致流通性偏紧。从技术图表看，当日收盘价位于三角形整理末端，行情一触即发，基本面和技术面释放的信号都是买入，混合型投机者经分析后选择第二日突破三角形整理上沿做多，具体交易情况见表 7－8。

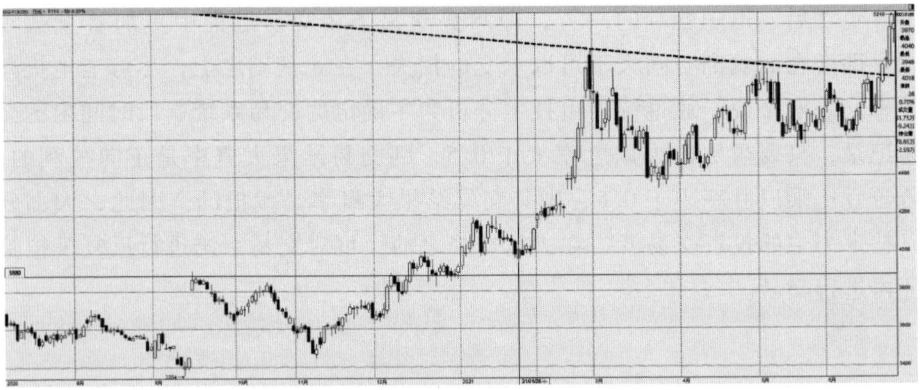

图 7－8 TA2109 合约日价格

表 7－8 具体结果

时间及盈亏	期货 TA2109 操作
2020 年 6 月 23 日	以 4950 元/吨卖出 TA2109 合约 10 手（5 吨/手）
2020 年 6 月 25 日	5200 元/吨全部平仓
盈亏情况	盈利：（5200－4950）×5×10＝12500 元

从此次操作的结果来看，做多 10 手（5 吨/手）TA2109，盈利空间 250 点，两个交易日后平仓结束操作，最终盈利 12500 万元。

三十三、如何理解风险管理？

风险管理就是两个极端之间的一种平衡。一方面，风险不可过大，以免爆仓被迫退出交易；另一方面，风险过小也不行，微小的波动都会使交易者离场，而且回报甚微，将失去交易的动力。风险管理中不存在正确的答案，更像是一门艺术，而不是一门科学。风险管理之所以重要，在于期货交易的不确定性，只要进行交易，就将面临一定的盈亏概率，交易者在长期交易过程中，一定会遇到小概率的连续亏损，此时风险管理可以有效控制资金回撤。

三十四、如何控制资金投入量？亏损额如何确定？

以可承受的亏损额确定初始投资金额是较为可取的。投机活动是具有风险的，每次投入的资金的亏损额度应在能承受的范围之内。另外，投机的亏损应当不影响后期投机活动的可持续性。如亏损金额占总体资本金过大，则会影响投机活动的可持续性。亏损 50% 的初始资本，需要 100% 的后期盈利来弥补，可见同比例的盈亏，结果却不一样，弥补亏损的困难可见一斑。因此，交易者需要严格限制每笔交易的亏损额。

三十五、什么是金字塔式投资方式？

只有在最初的交易头寸被证明已经获利时，才可以追加投资，并且追加的资金应低于最初的投资额，逐渐递减，呈金字塔形状。待多头投机者在多头头寸的交易已经获得收益后，再买进一定数量的合约扩大盈利，但同时逐渐减少追加的资金，可使投机成本的增加慢于投机收益的增加，这样能够更好地保证已经获得的收益不会流失。同样，对于空头投机者，待市场价格下降而获得收益后，应逐渐递减追加卖空的资金，这样使成本上升比收益上升慢，能够保住已经获得的收益。

三十六、头寸规模如何确定？

头寸规模是风险控制中非常重要的一环。在进行风险管理时，每笔交易的头寸规模，应根据投资者单笔可以承受的亏损来决定。交易过程当中，首先要明确符合交易逻辑的开仓价和止损价，再由投资者单笔可承受的亏损除以单位头寸下的损失，计算出头寸的规模。

三十七、交易中常用的止损止盈策略有哪些？

初始止损，就是在头寸建立初始就确立的止损规模。初始止损金额必须能够覆盖足够的空间，以避免市场来回波动造成头寸出局。

跟踪止损，一旦最低获利目标达到，此时就需要放弃最初的止损位，取而代之使用跟踪止损，即把你未平仓利润最高值的一定百分比作为新的止损额度。有很多方法可以有效地做到跟踪止损，而不损害到已有的未平仓利润。对于大多数交易者来说，最大的诱惑是使用离当前价格太近的跟踪止损，通常导致头寸被止损出局，而原有趋势仍在延续。跟踪止损空间必须足够大，也就是说，止损价格离当前市场价格足够远。一个典型的有效止损额是按当前价格计算的盈利额的50%以上，即在一笔交易中，要做好准备回吐50%或者以上的未平仓利润。

止盈，运用跟踪止损可以有效止盈，当价格到达预定盈利目标位时，可以运用跟踪止盈法来锁定利润，以防趋势逆转。

自测题

一、选择题

1. 技术分析的理论基础是（　　）。

A. 价格沿趋势变动

B. 市场行为最基本的表现是成交价和成交量

C. 历史会重演

D. 市场行为反映一切

2. PTA 期货每张合约 5 吨。一交易者 3 月 24 日以 8400 元/吨买入两张合约，每张佣金为 10 元。如果 4 月 7 日该交易者以 8700 元/吨将手中合约平仓，则该交易者的净收益是（　　）。

A. 3000 元　B. 1500 元　C. 1490 元　D. 2980 元

3. 在不考虑其他因素影响的情况下，外盘原油价格上涨对国内市场 PTA 合约价格的影响是（　　）。

A. 价格下降　B. 没有影响　C. 价格上升　D. 难以判断

4. 在不考虑其他因素影响的情况下，PTA 下游纺织品市场需求旺季临近时对 PTA 合约价格的影响是（　　）。

A. 价格下降　B. 没有影响　C. 价格上升　D. 难以判断

5. 在不考虑其他因素影响的情况下，PTA 新增产能即将投产时对 PTA 合约价格的影响是（　　）。

A. 价格下降　B. 没有影响　C. 价格上升　D. 难以判断

二、判断题

1. 一般来说，完整的交易计划包括入市建仓与退出平仓、增（减）仓和风险及资金管理等三方面内容。（　　）

2. 交易系统胜率的重要性远高于盈亏比。（　　）

3. 依据分析预测方法不同，一般市场参与者分为技术型、基本面型、

混合型。（ ）

4. 基本面型投机交易的决策是基于投资者用基本面分析方法对商品作出的价格预测，依据预测价格变化的方法不同可分为宏观型、事件型、行业型和价差结构型等，采取的交易策略有：宏观型交易策略、行业型交易策略、事件型交易策略和价差结构型交易策略。（ ）

5. 宏观型交易策略主要是利用微观经济的基本原理来识别金融资产价格的失衡错配现象，采用宏观型交易策略的典型投资者如商品指数基金和宏观对冲基金。（ ）

6. 技术型交易者只重视价格，常见于对现货市场缺乏了解且无现货背景的投资者，其核心理念是认为市场行为反映一切，因此技术型交易决策本质上是基于供求关系的变化，主要采取的策略有两种：跟随趋势型策略和反趋势型策略。（ ）

7. 采用跟随趋势型策略的交易者通常被称为趋势交易者，趋势交易者主要研究和判断市场是否有趋势，趋势是向上还是向下，以及趋势是否结束。趋势按时间划分，有持续几分钟的日内趋势，也有持续数日、数周、数月甚至数年的长期趋势，日内交易者和隔夜交易者都可以是趋势交易者。

（ ）

8. 一般来讲，不同的投资者采取的交易方式是不一样的，同一投资者针对不同的市场行情采取的交易方式也不一样。比如技术型投资者多采取单边多头或空头的策略；宏观型投资者中有的会采取指数化投资策略；价差型投资者更愿意采取套利交易而非持有单边头寸等。（ ）

9. 投资理念一般有价值型和趋势型两种，价值型投资者认为市场是无效的，他们在资产被低估时买入，待资产高估时卖出，巴菲特是价值型投资者的典型代表；趋势投资者认为市场是有效的，他们采取跟随市场的投资策略。（ ）

10. 投资者理念的不同，直接决定其分析方法的不同，价值型投资者需要先评估资产的价值，然后将价格与价值相互比较才能得出资产是高估或者低估。趋势投资者不必评估资产的价值，也不必判断市场价格运行的趋势。

（ ）

参考答案

一、选择题

1. D　2. D　3. C　4. C　5. A

二、判断题

1. 对　2. 错　3. 对　4. 对　5. 错　6. 错　7. 对
8. 对　9. 对　10. 错

第八章

非产业机构投资者对 PTA 期货的应用

本章要点

本章主要介绍了非产业机构投资者的特点、国外非产业机构投资者的分类及操作模式，以及国内机构投资者的操作模式，并结合案例讲解其资产配置及期现套利者的具体操作。

一、什么是非产业机构投资者？它与产业机构投资者有什么区别？

非产业机构投资者与产业机构投资者不同，他们没有实体企业及大宗商品行业的背景，关注及经营的领域完全不同。作为一种特殊的金融机构，他们将投资者资本集中起来管理，代表投资者的利益，为了特定的目标，以可接受的风险形式，追求投资收益的最大化。机构投资者有广义和狭义之分。从全球来看，机构投资者主要包括共同基金或投资基金、人寿保险公司、养老基金、证券公司等，其中前三者为主要的机构投资者。目前，活跃在期货市场上的机构投资者主要有对冲基金、商品指数基金、期货投资基金、国际投行及商业银行等，证券公司、养老基金、共同基金、私募股票基金以及日内交易公司等机构也逐渐将资金投向期货市场。

二、国外非产业机构投资者是如何分类的？操作模式如何？

国外非产业机构投资者主要采用两种投资策略：被动投资和主动投资。

被动投资是指由机构投资者买卖的一揽子商品风险，由像 GSCI（高盛商品指数），DJAIG（道琼斯商品指数）和投资在商品领域、带有特定价格看法的个性化定制指标来衡量。商品指数基金就属于这一类别。

另外，也有一类进行技术交易的主动投资者，主要有商品交易顾问、微观对冲基金以及利用相对价值交易的投资银行等机构，也包括擅长当日冲销的日内交易公司。

活跃在期货市场上的几类典型的机构投资者，他们可以分为商品指数基金、期货投资基金、对冲基金。

商品指数基金是指以一揽子商品组合跟踪某一基准商品指数并坚持长期投资策略的基金。商品指数基金主要的投资策略是“买入并持有”（Buy and Hold），他们参与市场的方式是“抵押”，即先将全部资金投资于短期国债，以获取固定收益，再以短期国债作为抵押参与期货交易。商品指数基金不采用卖空策略，也不使用资金杠杆。他们的目的是长期买入并持仓（期货仓位或者现货），兼具指数化和买入持有，是典型的被动投资策略型基金。

严格意义上的被动操作策略，是以指数为标杆，买卖一揽子商品并持有，借以分散风险，获取收益。它的理论基础是：

（1）商品在经济学意义上具有内在收益，这是被动型策略买入商品的核心；

（2）组合效用。由于商品与传统资产类（股票和债券）负相关或零相关，对经济周期和通货膨胀的反映也不同，将商品加入传统投资组合能够增强组合的夏普比率。

投资者都知道股票和债券的收益主要产生于股息和票息。对于商品，收益主要来源于以下三方面：现货收益（Spot Return or Price Appreciation）、展期收益（Rolling Return），以及抵押收益（Collateral Yield）或利息收益（T - bill Return）。

现货收益就是商品本身价格上涨的幅度，即大部分商品投资者希望得到的收益；展期收益是指持有本月的期货合约到期之后，滚动到下一个月的合约所获得的收益，即移仓收益和成本。在一个反向市场（Backwardation）上，由于远期价格低于近期价格，展期收益为正；在正向市场（Contango）上，远期价格高于近期价格，展期收益为负。将现货收益和展期收益组合在一起，称为超额回报（Excess Return）。抵押收益或利息收益只适用于那些不使用杠杆的投资者，他们用一小部分资金支付期货保证金，剩下的投资于货币市场或短期债券从而获得回报，边际资金都可以获得利息收益。

采取买入并持有的被动投资策略的另一个收益来源是展期收益——当市场处于反向时，高价卖出合约平仓，再低价买入合约建仓完成移仓，获得高卖低买差价。在目前的原油及此前的有色金属市场上，移仓收益可能为价格上涨的数倍甚至近十倍。而商品指数基金也有意选择以价格倒挂商品占主要比重的商品指数为跟踪目标，如能源比重近 75% 且其中原油又占 30% 以上的高盛商品指数，这也是有报告称跟踪该指数的资金已达 800 亿 ~ 900 亿元的原因。

期货投资基金是始终活跃在商品市场的技术性基金，其商品交易顾问已参与商品市场数十年，他们为市场提供短期的流动性，以追涨杀跌为己任，擅长波段炒作。期货投资基金的投资策略可以划分为很多种：（1）系统性投资和自由式投资策略；（2）技术分析投资策略和基本分析投资策略；（3）分散型投资策略和专业型投资策略；（4）短期、中期策略和长期型投资策略；（5）多 CTA 投资策略和单 CTA 投资策略等。在美国，期货投资基金所使用的投资策略包括了上述几种策略，其中使用最为频繁的策略有 CTA 策略、系统型策略、技术分析和基本面分析相结合的投资策略，运用最广泛的要数 CTA 和系统型策略。

目前，投资决策模型和计算机辅助投资决策系统越来越多地被期货投资基金和 CTA 所使用。投资决策系统可以使基金尽可能地避免由于管理者主观偏见而造成的决策失误，拥有先进的投资决策模型和系统已经成为 CTA 和 CPO 的核心竞争力所在。

因此，CTA 大部分是系统交易者，他们开发了一些专用模型来指导适用于不同金融市场上的操作行为，这些模型有的是顺趋势型，有的是逆趋势型，还有的是两者的混合。大多数的模型是基于历史价格数据和/或基本的经济变量而设计的，它们能够提供一些辨别分析模式，使管理者能够掌握潜在的价格和波动趋势，而这些可能是更长期和可交易趋势的先兆。CTA 的交易系统通常根据价格动量而非特定价格给出买卖信号，一些系统侧重关注几天或是几星期的走势，较长期的则可以达到几个月。

对冲基金作为投机商是极其专业的，通过交易实际价格风险或相对价格风险，使资本进入市场。对冲基金可以运用多种投资策略和各种衍生工具，如指数期货、股票期权、远期外汇合约以及具有财务杠杆效果的金融工具进行投资，同时也可在各地的股市、债市、汇市、商品市场进行投资。与特定市场范围或工具范围的商品期货基金、证券基金相比，对冲基金的操作范围更广。

概括来说，对冲基金最主要的投资方式就是卖空和投资杠杆。对冲基金的投资策略主要分为以下几个大类：

（1）方向性策略：包括股票多头/空头、管理期货和全球宏观。之所以称为方向性策略，是因为这些策略的基金在各自的市场上都进行方向性的买卖。

（2）事件驱动策略：包括兼并套利、困境投资以及特殊境况投资。事件驱动策略的共同点是人们集中投资于特定公司的证券，这些公司正在经历或将要经历重大的事件或者转变。这些所谓的公司事件包含破产、重组、收购、合并、资产剥离等有关的内容。（3）相对价值套利策略：股票市场中立，可转换套利和固定收益套利。这一类型的基金认为一种证券的价格被高估，而另外一种证券的价格被低估，于是对这两种存在相互联系的证券下注，这就是所谓的相对价格套利策略。

近年来，随着传统投资领域的投资回报率日益下降，对冲基金渐渐将目光转向商品及金融衍生品市场，商品期货市场的参与度日渐提高，这对商品期货市场也产生重要影响。对于对冲基金来说，商品期货市场成为其发挥众多投资策略的重要领域。以最广为人知的宏观策略为例，几乎在所有主要的市场中（股票、债券、货币和商品市场）都能见到对冲基金的身影，他们经常使用杠杆和衍生工具来扩大影响力。随时都会改变机会、趋势、策略——哪种投资能有效预测经济政策、政策环境或是利率，就使用哪种。因其投资期货市场，所以全球宏观与期货投资基金的 CTA 策略很相近，但是也存在以下三点主要区别：

（1）期货投资基金交易全部发生在期货市场，而全球宏观的交易和资产投资大部分发生在全球股票和债券市场。

（2）全球宏观管理者一般都有基本的投资方向，而大多数的期货投资基金更多地倾向于技术上的突破和领先，他们利用这些技术来辨别交易和投资的趋势。

（3）大多数期货投资基金交易员遵循系统的方法和技巧，而全球宏观管理者更遵循于自己的判断。

从 LME（伦敦金属交易所）的交易来看，图拉基（Touradji Capital）、摩尔资本（Moore Capital）、红风筝（Red Kite）等几家对冲基金在铜市场中比较活跃，可以长期做多并不断把到期的近期多头调至远期。同时，在期权市场上买入一个相应远期的低位看跌期权后，在期货市场做多，或者在相应高位时买入一个高位的看涨期权并在期货市场上抛出一个相应期货合约，以此获利。

三、国内非产业机构投资者如何分类？其操作模式是怎样的？

过去我国非产业机构投资者没有存在的法律依据，力量也比较弱。主要是一些企业出资成立的投资公司、个人成立的投资公司、大的个人投资者等。2012 年中国期货保证金监控中心正式发布了《特殊单位客户统一开户业务操作指引（暂行）》，为证券公司、基金管理公司等特殊单位客户参与股指期货和商品期货业务的开户工作提供了具体的业务操作依据。

国内非产业机构投资者的操作模式非常丰富，具体如下：

（一）资产配置者操作模式介绍

单一资产投资方案难以满足投资需求时，资产配置可以帮助投资人降低单一资产的非系统性风险。

（二）期现套利者操作模式

期现价差是指现货价格减去期货价格，即在扣除注册成本之后，期货价格相对于现货价格仍有较大价差（利润或者亏损）。期现价差交易策略主要依据期现价差大小来决定方向，当交割利润很大时做空，当交割亏损很大时做多。

（三）商品组合者操作模式

商品组合投资中的产业价差，是指产业链上下游利润分配情况。产业价差交易策略主要依据产业链上下游利润大小来决定方向，当上游利润很大而下游利润很小时采取抛空上游买进下游策略，当上游利润很小而下游利润很大的时候采取抛空下游买进上游策略。

（四）趋势投资者操作模式

趋势投资者跟踪趋势交易，当市场以某种特定的方式运行或处于某种特定状态时较为有效。趋势交易者寻找价格沿某一向上或向下确定趋势运动的市场，力图找到早期趋势并在趋势结束前获利。对入市时机的判断，常常需要趋势交易者研究支撑理论，分析阻挡价格水平、趋势线、移动平均线、价格形态等以作判断。

长期交易者、头寸交易者、日内交易者，都可以是趋势交易者。趋势有许多类型，包括持续几分钟的日内趋势到持续数日、数周、数月甚至数年的长期趋势。

价格横向盘整时趋势不明，向上成功突破阻力位后，则新一轮上升趋势确立。若价格向下突破盘整区间的支撑，则后市看跌，一轮下跌趋势即将展开。不论向上还是向下突破，都构成入市信号。

四、如何从资产配置角度看 PTA 投资？

2021 年大宗商品上涨周期将开启，PTA 在整个商品资产里占很小比例，即使在原油市场里所占比例也很小，从这个角度讲，PTA 资产具备全球所有资产所具有的共性，2021 年可买入 PTA 进行资产配置。

2020 年，新冠肺炎疫情使全球经济一度陷入衰退，也压垮了大宗商品价格。油价首次暴跌出现负值。根据 1991 年以来的数据，追踪 23 个商品期货市场的彭博商品指数在 2020 年 4 月份创下历史新低。随后，该指数从低点反弹一直涨至 2020 年底，彭博大宗商品指数在 2020 年最后一个季度上涨 10%，但仍遭受 3.7% 的年度亏损。

尽管市场面临种种短期波动趋势仍不明朗，CTA 策略短期表现不佳，但 2021 年可能是大宗商品周期真正开始的一年，核心要点是供应不足无法满足需求的结构性供应短缺。从需求端来看，随着逐步解除封锁、经济复苏，被压抑的需求将被释放。虽然远程办公等行为开始普及，但传统办公模式很难在一年的时间内发生彻底改变，原油等需求仍然会快速反弹。后疫情时代，财政开支不是经济所需要担心的，加上绿色转型和基础设施建设将会迎来一波空前的浪潮，工业金属和能源的需求将会增加。绿色经济转型时大宗商品尤其重要。高盛坚定看多。经济结构性投资不足、政策驱动型需求加大，以及美元走软和通胀风险加大等宏观经济有利因素都有利于大宗商品向好。作为一种资产类别，大宗商品比相关概念股票更具体，虽然金融资产能够预测未来经济走势，但大宗商品是对冲潜在通胀的现货资产，反映了实体经济的走势。

虽然从大格局看 PTA 只是所有商品中的一小部分，但 PTA 产业的发展却是和整个全球经济格局和大类资产配置紧密相连的。

五、期现套利者的 PTA 投资如何操作?

案例 8 – 1

期现套利

某投资企业拥有 PTA 库存 1000 吨，是 2020 年 3 月以 3300 元/吨的价格买进的，但是买入之后市场价格下降，到 4 月初市场主流现货成交价格为 3190 元/吨。该企业在这笔交易中的库存浮亏为 110 元/吨，合计亏损 11 万元。4 月 3 日，TA009 合约收盘在 3462 元/吨，企业找到期货公司，并提出目前的问题，期货公司根据多年在商品市场的经验认为市场可能存在期现套利的机会，应做好成本分析和操作计划，成本核算如表 8 – 1 所示。

表 8 – 1　　**成本核算**　　（单位：元/吨）

现货单价	3190	3190	3190
期货价格	3462	3480	3486
资金成本	105.69	105.76	105.79
中间费用	86	86	86
预付税款	31.29	33.36	34.05
套利利差	49.02	64.88	70.16

参考表 8 – 2，此次操作是在期货市场以 3516 元/吨抛出 200 手 TA009，如果价格继续下跌，可考虑平仓获利；如果价格上涨，可以将手上的现货注册成仓单，最终以交割了结。结果，期货 TA009 价格下跌至 3128 元/吨，该投资公司以平仓了结了头寸，获利 388 元/吨，200 手，即 1000 吨收益 38.8 万元。另外，现货价格从 3190 元/吨下降至 3000 元/吨，考虑原始成本 3300 元/吨，并除去期货持仓成本，最终盈利 88 元/吨，不但扭亏还得到

8.8 万元收益，单靠当时的现货市场是无法实现的。

表 8－2 盈亏核算 （单位：元/吨）

项目＼市场	现货市场	期货市场
当初	3190	3516
之后	3000	3128
利润	－190	388
收益	198	
结果	综合原来的 3300 元/吨成本，不仅扭亏而且最终的盈利是 88 元/吨	

六、商品组合投资者如何分析 PTA？

2018 年 3 月原油期货上市后，基于国内化工品期货种类较多、市场成熟，原油与其他化工品的套利受到市场的诸多关注。特别是 PTA，其与原油的相关性在各化工品种中相对较高。原油是商品之王，其价格的波动牵动着整个市场的神经，具有引领市场节奏的作用。在国内期货市场上市的化工品中，PP、LLDPE、PVC、PTA、沥青等品种都是原油的下游产品，原油在一定程度上从成本面对其产生影响。

除了通过产业链上下游关系影响化工品价格走势，原油还会从整个市场氛围上影响投资参与者的预期和心态。在众多化工期货品种中，由于各品种基本面不尽相同，其受原油的影响也存在差异。在近一年的走势中，与原油相关性最强的是 PTA 和 PP，其相关性系数分别为 0.86 和 0.81。而在近 6 个月的走势中，与原油相关性最强的两个品种分别是沥青和 PTA，相关性系数分别为 0.87 和 0.84。原油价格的变化影响到 PTA 期货价格走势，尤其在出现趋势性行情时，共振效果将更加明显。以 2017 年四季度为例，国际油市因受 OPEC 减产、履约率较高及需求回升等因素影响，供需格局利好油价，

WTI 原油期价由 50 美元/桶强势攀升至 67 美元/桶附近，石脑油价格跟涨，由于 PTA 装置启动率提高和原料需求增长的带动，PX 价格大幅上涨，从而对 PTA 成本形成了较强支撑作用，也促使其价格在季节性累库阶段出现同步跟涨走势，产业链表现出原油→石脑油→PX→PTA 的传导性。

实际上，从产业链传导的角度看，在原油→石脑油→PX→PTA 的产业链中，每个环节都有其自身的基本面，在不同时期各产品价格的高低其实也有所差异。比如，近期 PTA 与 PX 的价差处于高位，PX 与石脑油价差也处于高位，而石脑油与原油价差则偏低。此时产业链中，石脑油表现偏弱，可能会导致原油价格的上涨幅度向下游传递打折，原油价格的下跌幅度向下游传递放大。无论成本在传递过程中打折还是放大，一旦原油价格出现趋势性走势，都会从成本面对下游产品产生影响，往往还会直接影响市场的心态，下游企业可能会根据上游原料价格走势选择增加或者减少原料备货，从而影响 PTA 价格。对于 PTA 而言，原油在成本端主要影响石脑油价格，石脑油价格则影响 PX 价格，进而影响 PTA 成本。作为能化市场的风向标，原油价格的变化和预期对于产业各环节的采购和销售节奏有着一定的影响。在实践中，通常会先衡量了石脑油、PX 以及 PTA 的基本面，给定相关的加工利润，再根据原油价格推导 PTA 成本的安全边际。就下游而言，如果其预期原油价格未来会上涨，就会提前采购原料，从而在短期内增加 PTA 的需求。就 PTA 工厂而言，如果其预期价格会涨，就会适当加大成品库存或者提前锁定 PX 采购，或者相应提高 PTA 产品售价。

作为国际化品种，原油价格与汇率等宏观因素密切相关。PTA 作为其下游产品，近几年与原油的联动性增强，甚至有看多原油的投资者选择在国内做多 PTA，增强了 PTA 与外围市场的联动性。

在国内原油期货上市之前，PTA 投资者的套利一般只能通过跨期或者期现来实现，很少有真正的跨品种套利机会，企业的套保模式也比较单一。而原油上市后，PTA 和原油之间的对冲操作更为简便，套利的核心是关注 PTA 与原油的价差变化。企业需要关注石脑油、PX、PTA 三者的基本面，同时参考历史价差与各环节加工成本，估算出各个环节之间应有的加工价差，从而做出决策。

原油 - PTA 套利中最关键的是中间环节加工费，即石脑油 - PX - PTA

三个环节加工费的波动。产业周期是影响 PTA－原油环节加工费的核心因素。在产业矛盾不大的情况下，阶段性油价波动可以带来不错的套利机会。油价高位快速回落时出现较好的做多加工费机会，油价高位继续大幅拉涨时，加工费往往被压缩。PTA 下游回料支撑提升加工费，但油价急跌破 30～35 美元/桶低位时不宜继续做多加工费。实战中，原油－PTA 期货间套利还需考虑其他因素，如汇率、基差价差、突发因素（地缘政治、装置意外）等。

此外，投机交易配置与产业配置时头寸配比差异较大。按纯投机比例测算，即原油：石脑油：PX：PTA＝1：1：1：1/0.655 计算，1 手原油 1000 桶相当于 133.3 吨 PX＝203.6 吨 PTA＝40.7 手，1 万手原油对冲配置＝40.7 万手 PTA＝81.4 万手双边持仓，5 万手原油对冲配置＝203 万手 PTA＝406 万手双边持仓。

七、趋势投资机构投资 PTA 的具体做法有哪些？

案例 8－2

趋势投资机构投资 PFA 实例

2021 年 PTA 迎来"开门红"，期现价振荡上涨，期货主力合约由 2020 年年末的 3820 元/吨上涨至 1 月 7 日的 4068 元/吨，涨幅 6.49%。某趋势投资机构对 PTA 做了如下分析：

从 2020 年末开始成本端势头强劲，按照 1 月 7 日价格数据测算，PTA 产业链各品种较 2020 年 11 月初低点涨幅分别为：Brent 原油 39%、石脑油现货价 43%、PX 现货价 36% 以及 PTA 期货主力合约 25%。

作为 PTA 的直接原料，PX 紧跟原油步伐，1 月 7 日，PX 价格报 694 美元/吨，与 2020 年 11 月初的低点相比上涨 36%，而 PX 基本面的表现也能够支撑上涨行情。供应端由于中金、福海创等装置检修，产量有所收缩，需求端 PTA 工厂负荷在 80% ~90% 高位窄幅波动，加之 2020 年 12 月，PTA 月度产量创下 462 万吨的历史新高，带动 PX 需求回暖。库存方面，2020 年 11 月、12 月 PX 合计去库在 35 万吨左右，作为液体化工品，PX 对库存的变动尤为敏感，价格的强势反应也就显得合情合理。原油方面，OPEC + 会议沙特意外宣布自愿减产 100 万桶/日，大大抵消了俄罗斯以及哈萨克斯坦增产所带来的负面影响。此外，EIA 公布的数据显示美原油库存大幅减少 800 万桶，创下 8 月以来最大降幅，推动国际原油价格走高，WTI 期货价格自 2020 年 2 月 24 日以来首次突破 50 美元/桶大关，如图 8 - 1 所示。

图 8 - 1　2021 年 1 至 4 月 PTA 期货上涨和下跌路径

后续来看，成本驱动的逻辑尚未改变，OPEC + 会议带来的利好是持续性的，全球疫苗推进以及美元低位徘徊都将给国际油价提供一定支撑。PX 基本面预期也偏乐观：需求端福建百宏 250 万吨 PTA 装置投产将增加对 PX 用料的需求，供应方面，浙石化二期 250 万吨新产能计划在 4 月释放，短期 PX 供应端压力不大，叠加春节临近 PX 进口量或有收缩，去库趋势短线可持续。

自 2020 年 11 月开始，PTA 市场始终处于累库与现货流通性偏紧并存的矛盾局面。究其原因，主要是由于交易所扩增交割仓库与库容，持续升水的盘面令现货与期货之间存在巨大的套利空间，大量 PTA 被注册成为仓单进入交割库，2021 年 1 月 7 日，PTA 仓单达 346748 张，约折合 173 万吨 PTA，创下年内新高。

新产能方面，原计划在 2020 年投放的福建百宏 250 万吨装置，已推迟至 2021 年 1 月或 2 月开车，加之 2020 年年底开始检修的福化工贸 450 万吨装置将在 1 月 20 日附近重启，届时供应端产量将提升，供应维持宽松预期。

需求方面，聚酯环节目前各方面指标表现较为良好，其中涤纶长丝除 FDY 外，其余品种库存、现金流均已恢复至往年正常水平，POY 库存指数在 6.6 天，涤纶短纤库存指数自 2020 年 10 月以来持续负位运行，而短纤工厂现金流目前大概在 500 元/吨左右的水平，以华南地区短纤企业为例，500 元/吨的现金流为正常水平。临近春节，市场普遍面临聚酯工厂检修以及终端纺织服装行业工人放假的情况，虽然华南地区有短纤企业表示不打算放假，工人将赶单生产，但从目前公布的聚酯工厂检修计划来看，多数长丝以及江浙地区短纤企业 1 月中下旬开始计划检修，因此，聚酯端季节性降幅较为明确，若百宏 250 万吨新装置如期开车，届时 PTA 累库压力将进一步上升。

综合来看，此波成本重心抬升以及宏观修复逻辑仍然有效。后续新产能的投放以及需求端季节性降负或将激化供需矛盾，期货价格存在阶段性回落可能。根据分析结果，投资机构准备在 4000 元/吨以下逐步建仓。建仓采用的基本原则是 2:3:3:2 的比例，并且作好交易的数量规模和止损设置。

结果是，在 1 月下旬以计划的方案逐步建仓，最终成功以 3890 点的平均价格在 TA105 上建立多单 2000 手，TA105 在 2 月 26 日平均以 4867 点全部平仓出局，此次操作，盈利 (4867 − 3890) × 5 × 2000 = 977 万元。成本核算参考表 8 − 3。

表 8 − 3　成本核算　（单位：元/吨）

项目＼价格	期货价格（建仓采用 2:3:3:2 的方式）				平均价格
建仓	3920	3900	3880	3860	3890
平仓	4867	4867	4867	4867	4867

续表

价格 项目	期货价格（建仓采用 2:3:3:2 的方式）				平均价格
利润	947	967	987	1007	977
收益	（4867 - 3890）×5×2000 = 977 万元				

自测题

一、选择题

1. 非产业机构投资者，作为一种特殊的金融机构，代表投资者的利益，将其资本集中起来管理，为了特定的目标，以______的风险形式，追求投资______的最大化。机构投资者有广义和狭义之分。

A. 可接受　　B. 不接受　　C. 收益　　D. 风险

2. 从全球来看，机构投资者主要包括______或______、人寿保险公司、养老基金、证券公司等，其中前三者为主要的机构投资者。

A. 出资人　　B. 共同基金　　C. 投资基金　　D. 基金管理者

3. 目前，活跃在期货市场上的机构投资者主要有商品指数基金、____、国际投行及商业银行等。

A. 证券公司　B. 对冲基金　　C. 养老基金　　D. 期货投资基金

4. 证券公司、______、______、私募股票基金以及日内交易公司等机构也纷纷将资金投向期货市场。

A. 养老基金　B. 对冲基金　　C. 共同基金　　D. 投资基金

5. 从参与期货市场的策略而言，这些机构投资者主要涉及两种投资策略：______投资和______投资。

A. 趋势　　B. 套利　　C. 被动　　D. 主动

二、判断题

1. 采取买入并持有的被动投资策略的另一个收益来源是展期收益——

当市场处于反向时，高价卖出合约平仓，再低价买入合约建仓完成移仓，获得高卖低买差价。（　　）

2. 活跃在期货市场上的几类典型的机构投资者，他们可以分为共同基金、养老投资基金、对冲基金。（　　）

3. 商品指数基金不采用卖空策略，也不使用资金杠杆。他们的目的是长期买入并持仓（期货仓位或者现货），兼具指数化和买入持有，是被动型投资策略的典型。（　　）

4. 国内非产业机构投资者有法律支持，力量也比较大。按股东背景划分，主要是一些企业出资成立的投资公司、个人成立的投资公司、大的个人投资者等。操作模式非常丰富。（　　）

5. 随着传统投资领域投资回报率日益下降，对冲基金渐渐将目光转向商品及金融衍生品市场，在商品期货市场的参与度日渐提高，并且对商品期货市场产生重要影响，对于对冲基金来说，商品期货市场已成为其发挥众多投资策略的重要领域。（　　）

参考答案

一、选择题

1. A、C　2. B、C　3. B、D　4. A、C　5. C、D

二、判断题

1. 对　2. 错　3. 对　4. 错　5. 对

第九章

PTA 期权基础知识及运用

本章要点

本章主要介绍了 PTA 期权的基础知识及运用，包括期权的历史、基本概念、PTA 期权合约解读、投资者适当性条件、价格影响因素等。简单介绍了期权策略，包括单边、价差、备兑、保护、双限等策略，并结合具体案例介绍期权策略在交易以及套期保值中的运用。

一、期权是如何发展起来的？

近代期权的典型案例包括 17 世纪之前荷兰郁金香根茎期权，以及 18 世纪在工业革命、运输贸易中应运而生的期权。现代期权始于 1973 年 4 月 26 日，标志性事件是芝加哥期权交易所（CBOE）的成立。CBOE 的成立意味着期权交易就此有了统一化、标准化的交易场所和规则。同年，芝加哥大学的 Fischer Black 和 Myron Scholes 两位教授提出的 B－S 模型，解决了期权定价的难题。期权定价理论的完善，为期权市场的发展提供了更为严谨的理论依据，增加了期权的流动性，进一步降低了期权交易的成本，减少了基差风险。期权得到了多角度优化，其交易规模和交易量都逐渐攀升。

20 世纪 80 年代，全球期权交易市场经历短暂的波折后，正式进入规范发展阶段。监管体系的完善以及投资者对期权认识的加深，共同促进了商品期权市场发展。1974 年美国商品期货委员会（CFTC）的成立是商品期权市场发展历程中较为重要的里程碑。在其监管下，期货和期权市场在开放性、竞争性和财务可靠性等方面都得到更有力的保障，进一步促进了商品期权的健康发展。纵览全球商品期权市场，其发展过程大多遵循从农产品出发到金属和能源的路径，期权市场整体规模伴随着经济全球化发展趋于稳步增长，其对实体经济的支撑能力也不断增强，主要体现在帮助企业进行风险管理方面。

2008 年金融危机以后，随着我国期货市场交易制度、创新机制、监管机制的不断完善，全国期货市场成交规模迎来了稳步发展，期货市场发挥的功能也取得了进一步提升。特别是 2014 年以来，在国务院和证监会的带领下，国内期货交易所有序开展期权的上市工作。截至 2021 年，我国商品期权上市品种已覆盖农产品、能化、黑色、有色、贵金属等板块，市场规模也呈稳健增长态势。

二、期权的基本概念是什么？

期权，也称选择权，是指买方支付给卖方费用后，拥有在将来某一时间按照期权合约规定的价格，买入或卖出一定数量资产（期货、指数或金融工具等）的权利。期权卖方收取费用后，负有相应卖出或买入的义务。期权买方支付的费用被称为“权利金”，期权合约事先规定的价格被称为“行权价格”，买、卖的资产称为“标的物”。需要注意的是，期权类似于价格保险，买方可能会损失全部权利金。期权买方、卖方的权利和义务是不对等的，买方可以行使权利，也可以放弃权利，如果买方行使权利，卖方必须履行相应义务。与期货相比，期权有更多的策略，具有多样功能和策略组合，可以满足不同投资者的交易目的。

三、怎么理解期权的权利金、行权价格、内在价值和时间价值?

期权权利金即买卖期权合约的价格，是期权的买方为获取期权合约所赋予的权利而必须支付给卖方的费用，其多少取决于行权价格、到期时间以及整个期权合约。对期权的卖方来说，权利金是卖出期权的报酬，也就是期权交易的成交价。期权买方的最大损失便是权利金，对于买方来说其风险是有限的和可预知的，所以进行期权交易时不需要交纳保证金。期权的卖方在交易中存在着相对较大的风险，并且这种风险是无法确切预知的，所以期权的卖方必须交纳一定金额的保证金，以表明其具有应付潜在履约义务的能力。

行权价格是期权合约预定的价格。当执行某个期权时，可以在这个价格买入（如果是看涨期权），或卖出（如果是看跌期权）一个标的期货合约。

权利金包含两部分，分别是内在价值与时间价值：内在价值是期权立即行权时可以获得的收益，时间价值为权利金与内在价值之差。距期权到期日时间越长，时间价值越大，因为标的物价格未来向有利于期权买方波动的可能性越大，所以权利金也就越高。权利金公式如下：

权利金 = 内在价值 + 时间价值

其中，看涨期权内在价值 = 标的物价格 - 行权价格（内在价值不低于0），看跌期权内在价值 = 行权价格 - 标的物价格（内在价值不低于0）。

时间价值 = 权利金 - 内在价值

四、期权有哪些类别?

按照期权买方的权利分为看涨期权（买权）和看跌期权（卖权）。买方支付权利金后，获得在将来某一时间按约定价格买入一定数量的标的物的权利，称为看涨期权（买权，也称认购期权）。买方预期未来标的物价格快速上涨时可以买入看涨期权，以获得价格上涨的收益。买方支付权利金后，获得在将来某一时间按约定价格卖出一定数量的标的物的权利，称为看跌期权（卖权，也称认沽期权）。买方预期未来标的物价格快速下跌时可以买入看跌期权，以获得价格下跌的收益。买入和卖出期权的到期损益图可参考图9－1、图9－2、图9－3、图9－4。

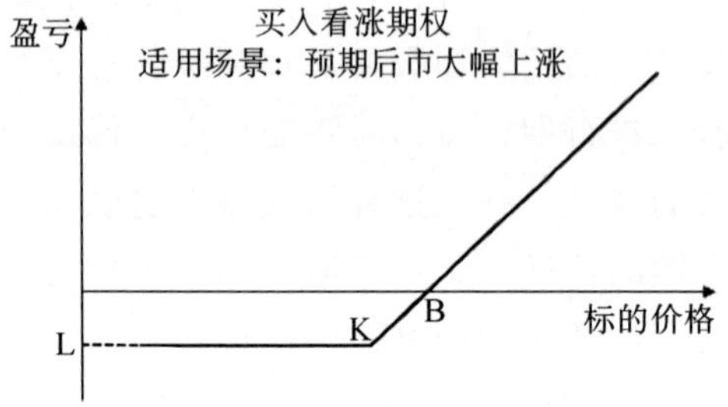

图9－1　买入看涨期权到期损益

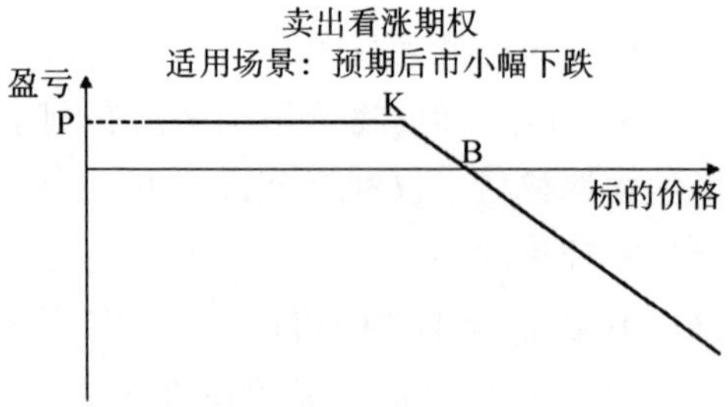

图9－2　卖出看涨期权到期损益

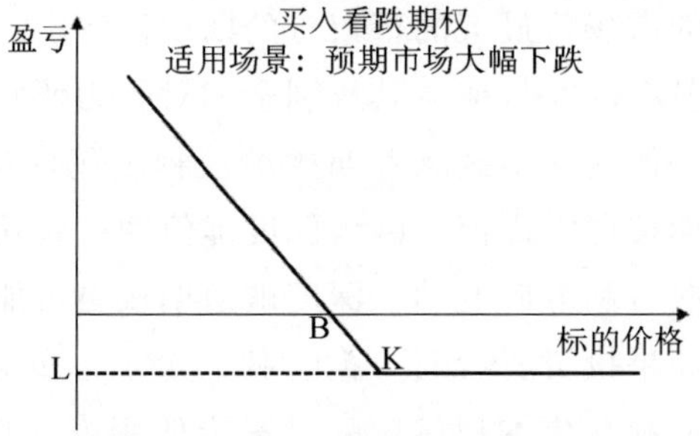

图 9－3　买入看跌期权到期损益

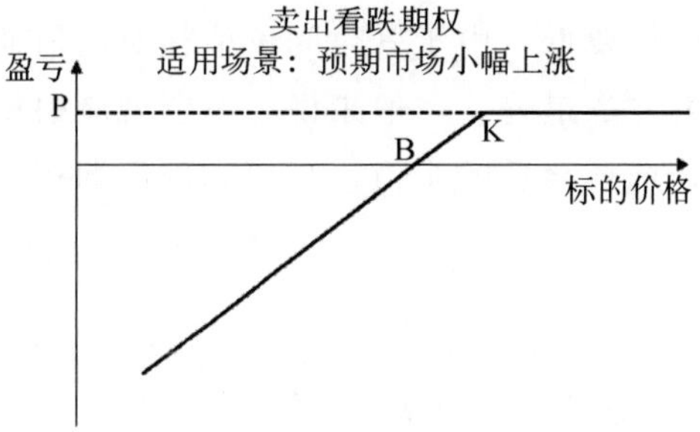

图 9－4　卖出看跌期权到期损益

注：P 为最大盈利，L 为最大亏损，B 为损益平衡点，K 为行权价。

按照行权时间可分为欧式期权和美式期权。欧式期权指买入期权的一方必须在期权到期日当天才能行使的期权。在亚洲区的金融市场，规定行使期权的时间是期权到期日的北京时间下午 14：00。过了这一时间，再有价值的期权都会自动失效作废。美式期权是指可以在成交后有效期内任何一天被执行的期权，也就是指期权持有者可以在期权到期日以前的任何一个工作日，选择执行或不执行期权合约。美式期权允许期权持有者在到期日或到期日前执行购买（如果是看涨期权）或出售（如果是看跌期权）标的资产的权利。PTA 期权属于美式期权。

按行权价格与标的物价格的关系可分为实值、平值和虚值期权。实值期权是有内在价值的期权，行权价低于标的物价格的看涨期权和行权价高于标的物价格的看跌期权是实值期权。虚值期权则相反，行权价高于标的物价格的看涨期权和行权价低于标的物价格的看跌期权是虚值期权。平值期权从理论上讲是行权价恰好等于标的物价格的期权，但在实际交易中，由于行权价格并不连续，离标的市场价最近的行权价的期权被认定为平值期权。虚值期权只有时间价值，没有内在价值，其权利金相对较为便宜。特别是深度虚值期权，权利金更低，但这并不意味着期权虚值程度越深越值得买入。相反，对于买入深度虚值期权更需谨慎，因为深度虚值期权转化为实值期权的可能性较小，即使价格向有利方向变动，深度虚值期权也可能最终没有价值。实值期权的优点在于如果投资者看对方向，权利金上涨的幅度高于平值期权、虚值期权，缺点是权利金成本相对较高，资金使用率较低，一旦方向看错，损失相对高于平值期权和虚值期权。平值期权介于二者之间，权利金比虚值期权高，但比实值期权要低。由于其时间价值相对虚值期权和实值期权都要高，往往成为期权卖方的最爱。一般来说，投资者应根据交易成本、价格变动方向和波动程度，选择合适的实值、平值和虚值期权。

五、如何解读 PTA 期权合约?

PTA 期权合约于 2019 年 12 月 16 日在郑州商品交易所挂牌上市，PTA 期权合约说明参考表 9－1。

表 9－1　　PTA 期权合约说明

合约标的物	精对苯二甲酸（PTA）期货合约
合约类型	看涨期权、看跌期权
交易单位	1 手 PTA 期货合约
报价单位	元（人民币）/吨
最小变动价位	0.5 元/吨
涨跌停板幅度	与 PTA 期货合约涨跌停板幅度相同
合约月份	标的期货合约中的连续两个近月，其后月份在标的期货合约结算后持仓量达到 10000 手（单边）之后的第二个交易日挂牌

续表

交易时间	每周一至周五上午 9：00—11：30，下午 13：30—15：00，以及交易所规定的其他交易时间
最后交易日	标的期货合约交割月份前一个月的第 3 个交易日，以及交易所规定的其他日期
到期日	同最后交易日
行权价格	以 PTA 期货前一交易日结算价为基准，按行权价格间距挂出 6 个实值期权、1 个平值期权和 6 个虚值期权。行权价格≤5000 元/吨，行权价格间距为 50 元/吨；5000 元/吨＜行权价格≤10000 元/吨，行权价格间距为 100 元/吨；行权价格＞10000 元/吨，行权价格间距为 200 元/吨
行权方式	美式。买方可在到期日前任一交易日的交易时间提交行权申请；买方可在到期日 15：30 之前提交行权申请、放弃申请
交易代码	看涨期权：TA－合约月份－C－行权价格 看跌期权：TA－合约月份－P－行权价格
上市交易所	郑州商品交易所

相关要点说明：

1. 涨跌停板幅度

PTA 期权涨跌停板幅度与 PTA 期货合约涨跌停板幅度相同。例如 PTA 期货昨日结算价为 5000 元/吨，涨跌停板幅度为 5%，PTA 期权昨日结算价为 300 元/吨。则当天 PTA 期权的涨停价为 300＋5000×5%＝550 元/吨，跌停价为 300－5000×5%＝50 元/吨，涨跌幅为 83.3%。

2. 交易代码

PTA 期权的交易代码格式为：TA－合约月份－C－行权价格（看涨期权）、TA－合约月份－P－行权价格（看跌期权）。由标的期货品种交易代码、标的物合约月份、看涨期权代码（C）或看跌期权代码（P）及行权价格组成。例如，TA－109－C－4500，含义为行权价格为 4500 元/吨的 PTA2109 合约看涨期权。TA－109－P－4500 含义为行权价格为 4500 元/吨的 PTA2109 合约看跌期权。

3. T 型报价图

图 9－5 所示为 WIND 软件 PTA2109 合约期权 T 型报价图，中间纵向为期权合约行权价格序列，左边是不同行权价格下的认购期权行情数据，右边

是认沽期权行情数据。认购、认沽与行权价形成的表头和中间列形成 T 字形状，故称为 T 型报价。T 型报价图的第一行为期权的类型，左侧为看涨（认购）期权，右侧为看跌（认沽）期权。第二行为交易指标名称，一般包含某一品种、某一到期月份、不同行权价格的所有看跌和看涨期权的行情信息，一般还包含买卖申报量、成交量、持仓量及波动率、风险指标等。

认购							全部	认沽						
最新价	涨跌	涨跌幅	成交量	持仓量	IV	IV涨跌幅	行权价	最新价	涨跌	涨跌幅	成交量	持仓量	IV	IV涨跌幅
492.0	17.0	3.58%	464	1333	24.96%	-6.57%	4200	34.0	-0.5	-1.45%	542	2555	24.97%	3.59%
467.5	34.0	7.84%	337	1209	25.65%	-8.13%	4250	41.0	-2.0	-4.65%	438	1890	25.30%	9.11%
445.0	52.0	13.23%	13	396	27.97%	-6.41%	4300	50.5	-2.0	-3.81%	801	2750	26.18%	10.34%
365.0	10.0	2.82%	15	197	26.03%	-15.58%	4350	59.5	-5.0	-7.75%	611	3610	25.82%	17.04%
342.5	23.5	7.37%	32	469	25.62%	7.43%	4400	71.0	-7.0	-8.97%	378	4221	23.92%	2.43%
319.0	33.5	11.73%	1143	1327	21.99%	-1.91%	4450	86.0	-8.5	-8.99%	396	5172	29.70%	23.81%
295.0	40.5	15.91%	6637	6099	22.89%	-32.92%	4500	106.5	-7.0	6.17%	1532	6609	26.35%	7.73%
260.0	34.5	15.30%	2389	2303	20.64%	-16.68%	4550	121.5	-12.5	-9.33%	464	1446	25.01%	18.82%
238.5	38.0	18.95%	2471	2708	25.94%	7.27%	4600	146.0	-13.0	-8.18%	666	1205	24.87%	5.17%
204.5	27.5	15.54%	843	1906	24.04%	-2.15%	4650	170.5	-14.5	-7.84%	635	816	25.88%	5.88%
182.0	24.5	15.56%	1200	4726	26.70%	6.64%	4700	199.0	-16.0	-7.44%	562	1443	29.06%	39.10%
161.5	22.5	16.19%	1084	2348	26.21%	10.65%	4750	226.0	-20.5	-8.32%	231	751	30.98%	16.22%
139.5	16.0	12.96%	1614	6534	26.51%	4.88%	4800	257.0	-24.0	-8.54%	91	707	30.35%	35.00%
127.0	17.5	15.98%	510	3290	24.78%	-25.12%	4850	294.0	-22.5	-7.11%	136	733	27.67%	39.75%
112.5	14.5	14.80%	1119	4631	28.00%	9.27%	4900	347.0	-7.5	-2.12%	7	627	29.29%	-7.93%
96.5	10.0	11.56%	412	2348	32.96%	-26.24%	4950	384.0	-9.5	-2.41%	30	291	28.73%	10.43%
95.0	16.5	21.02%	2839	1.8万	28.72%	3.00%	5000	424.0	-11.0	-2.53%	20	595	27.88%	26.44%
75.0	12.0	19.05%	532	4883	28.91%	1.36%	5100	-	0.0	0.00%	0	345	28.97%	-
59.5	7.5	14.42%	437	6297	29.93%	0.13%	5200	598.0	-10.0	-1.64%	10	328	29.71%	67.86%
50.5	7.0	16.09%	1060	7226	31.52%	-2.35%	5300	657.0	-42.0	-6.01%	13	77	30.75%	-9.28%
42.0	6.0	16.67%	160	7655	32.65%	-16.07%	5400	-	0.0	0.00%	0	33	31.96%	8.05%
41.0	10.0	32.26%	4671	5.2万	34.75%	1.62%	5500	-	0.0	0.00%	0	76	32.91%	10.21%

图 9－5　PTA 期权 T 型报价

举例：从数字部分第一行看，左侧为 PTA109－C－4200 看涨期权合约，行权价格为 4200 元/吨，最新价 492.0 元/吨。右侧为 PTA109－P－4200 看跌期权合约，行权价也为 4200 元/吨，最新价为 34.0 元/吨。

4. 询价

期权交易为了满足市场的流动性，实行做市商制度，做市商可以提供双边报价。如果行情中没有出现买卖报价，投资者可以向做市商询价，对于活跃的合约，做市商将持续报价，对于不活跃的合约，做市商回应询价。交易所可以根据市场情况调整询价的合约和询价的时间。

5. 竞价方式

与期货交易一样，期权竞价交易也采用集合竞价和连续竞价两种方式。其中集合竞价指在规定时间内对接受的买卖申报一次性集中撮合，连续竞价指对买卖申报逐笔连续撮合，撮合成交原则为价格优先、时间优先。当期权合约以涨跌停板价格成交，撮合原则为平仓优先、时间优先。

6. 保证金

期权买方有行权权利，没有履约的义务，最大损失为支付的权利金，不需要缴纳保证金。期权卖方有履约义务，为避免违约，需要向交易所交纳交易保证金。实值、平值期权卖方交易保证金的收取标准：期权合约结算价×标的期货合约交易单位＋标的期货合约交易保证金。虚值期权卖方交易保证金的收取标准：期权合约结算价×标的期货合约交易单位＋Max（标的期货合约交易保证金－期权合约虚值额的一半，标的期货合约交易保证金的一半）。其中：看涨期权合约虚值额＝Max（行权价格－标的期货合约结算价，0）×标的期货合约交易单位；看跌期权合约虚值额＝Max（标的期货合约结算价－行权价格，0）×标的期货合约交易单位。

交易所对跨式、宽跨式、备兑期权等组合的交易保证金实行优惠。对于卖出跨式或宽跨式组合，收取卖出看涨期权（买权）与卖出看跌期权（卖权）交易保证金较大者加上另一部位权利金。备兑期权组合（卖出看涨期权并买入期货、卖出看跌期权并卖出期货）仅收取权利金与标的期货保证金之和。

7. 期权持仓了结方式

期权合约处理方式有三种：平仓、行权和放弃。平仓是指客户买入或者卖出与其所持合约的品种、数量、月份、类型和行权价格相同但交易方向相反的合约，目的是了结期权持仓。行权是指期权买方行使权利而使期权合约转换成期货合约的期权合约了结方式。放弃是指期权合约到期，对没有内在价值或者内在价值不足以抵补交易成本的，买方未申请行使权利的期权合约了结方式，放弃不收取手续费，但是损失全部权利金。

郑商所的期权行权采用每日申请行权和到期日自动行权方式。期权买方资金不足的不能申请行权，到期日资金不足的，会员将代期权买方客户申请放弃。期权套期保值持仓行权后自动转化为期货套期保值持仓。

六、投资者参与期权市场需要具备什么条件？

期权是相对复杂的金融工具，对期权有认知能力与风险承受能力的投资者方可参与。个人客户和单位客户开通期权交易权限均需满足“三有一无”，此外，个人客户需要具备完全民事行为能力，单位客户需要具有健全的内部控制、风险管理等期货交易管理相关制度：

（1）开通交易权限前连续5个交易日保证金账户可用资金余额均不低于人民币10万元或者等值外币。

（2）具备期货交易基础知识，了解相关业务规则。

（3）具有累计不少于10个交易日且20笔及以上的境内交易场所的期货合约或者期权合约仿真交易成交记录，或者近三年内具有10笔及以上的境内交易场所的期货合约、期权合约或者集中清算的其他衍生品交易成交记录，或者近三年内具有10笔及以上的认可境外成交记录。

（4）不存在严重不良诚信记录、被有权监管机关宣布为期货市场禁止进入者和法律、法规、规章、交易所业务规则禁止或者限制从事期货交易的情形。

豁免“三有”的客户包括：

（1）符合《证券期货投资者适当性管理办法》规定的专业投资者。

（2）已开通实行适当性制度的某一品种交易权限，再通过其他开户机构开通该品种交易权限的客户。

（3）近一年内具有累计不少于50个交易日境内交易场所的期货合约、期权合约或者集中清算的其他衍生品交易成交记录或者认可境外成交记录的客户。

（4）做市商、特殊单位客户等交易所认可的其他交易者。

（5）对已具有境内商品期货交易所实行适当性制度的上市品种交易权限、已具有金融期货交易编码以及已具有境内证券交易所期权交易权限的证明材料的客户，可以不再对其基础知识、交易经历和可用资金余额进行评估，但客户应当提供具有上述交易权限的证明材料。

七、影响 PTA 期权价格的因素有哪些？

根据 Black – Scholes 期权定价公式，看涨、看跌期权的定价模型分别为：

$$C = SN(d_1) - Xe^{-rT}N(d_2)$$

$$P = Xe^{-rT}N(-d_2) - SN(-d_1)$$

$$d_1 = \frac{\ln\left(\frac{S}{X}\right) + \left(r + \frac{\sigma^2}{2}\right)T}{\sigma\sqrt{T}}$$

$$d_2 = d_1 - \sigma\sqrt{T}$$

其中，C 为看涨期权的当前价值，P 为看跌期权的当前价值，X 为期权的执行价格，S 为 PTA 期货的当前价格，T 为年化的剩余到期时间，r 为连续复利的年度无风险利率，$N(d)$ 为标准正态分布中离差小于 d 的概率，σ 为波动率（标准差），e 为自然对数的底数。其中未知因素有五项，分别为 PTA 期货的价格、PTA 期权的执行价格、期权到期日时间、波动率和无风险利率。这五项因素对期权价格的影响可以参考表 9 – 2。

表 9 – 2　　期权价格的影响因素汇总

影响因素		看涨期权价值	看跌期权价值
标的价格	上升	增加	减少
	下降	减少	增加
行权价格	上升	减少	增加
	下降	增加	减少
期权有效期	上升	增加	增加
	下降	减少	减少

续表

影响因素		看涨期权价值	看跌期权价值
价格的波动性	上升	增加	增加
	下降	减少	减少
无风险利率	上升	增加	减少
	下降	减少	增加

（一）PTA 期货价格

在 B－S 期权定价公式中，当其他影响因素不变时，看涨期权的价格（C）随着 PTA 期货的价格（S）的增大而升高，看跌期权的价格（P）随着 PTA 期货的价格（S）的增大而降低。PTA 期货的价格影响因素主要有供需、估值、库存、市场流动性和资金因素等，本节不再赘述。

（二）行权价格与 PTA 期货价格差

行权价格与标的 PTA 期货的价格是影响期权价格的主要因素。这两种价格的关系决定了期权的内在价值、时间价值的大小。行权价格与 PTA 期货价格之间的差距越大，实值程度和虚值程度越高，时间价值越小，平值期权的时间价值理论上说是最大的。

（三）波动率

在 B－S 期权定价公式中，期货的波动率主要通过影响 d_1、d_2两项来影响期权的价格。PTA 期货价格的波动性越大，PTA 期权价格越高；波动性越小，期权价格越低。因为标的物价格波动性越大，则在期权到期前，看涨期权（买权）标的物价格涨至行权价格之上（成为实值期权）或看跌期权（卖权）标的物价格跌至行权价格之下（成为实值期权）的可能性越大。

在实际运用中，波动率体现在期权的“隐含波动率”上。隐含波动率是将期权交易价格代入 B－S 模型，反推出来的波动率数值。由于 B－S 模型给出了期权价格与五个基本参数（PTA 期货价格、执行价格、利率、到期时间、波动率）之间的定量关系，只要将其中前 4 个基本参数及期权的实际市场价格作为已知量代入定价公式，就可以从中解出唯一的未知量，其大小就是隐含波动率。

期权的隐含波动率越高，其隐含的风险也就越大。期权投资者除了可以利用期权价格变化方向来买卖期权外，还可以从价格波动幅度的变化中获利。一般来说，波动率并不是可以无限上涨或下跌的，而是在一个区间内来回震荡，期权隐含波动率较小时买入期权合约，期权隐含波动率较大时卖出期权合约。那么，判断一只期权的价格是否高企，主要应该看隐含波动率与 PTA 期货的历史波动率之间的关系。隐含波动率是市场对 PTA 期货未来一段时间内的波动预期，与期权价格呈同方向变化，见图 9－6。

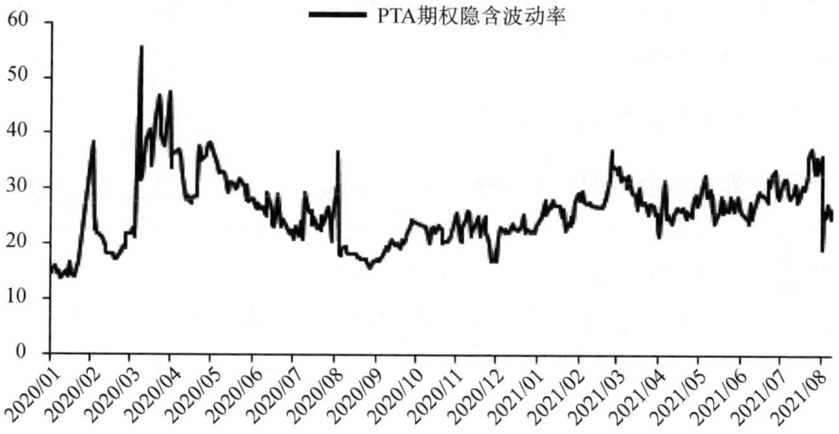

图 9－6　PTA 期权隐含波动率（按成交量加权平均）

（四）期权的有效期

有效期是指期权距离到期日的时间，即期权成交日至期权到期日的时间。其他条件不变的情况下，有效期越长，相当于“价格保险”期限越长（成为实值期权可能性越大），期权价格越高；反之期权价格越低。

（五）无风险利率

无风险利率的变动会影响期权的价格。无风险利率提高，期权价格的机会成本提高，看涨期权的价值提高，看跌期权的价值下降；反之亦然。无风险利率是影响期权价格最小的因素。

八、期权交易策略包括哪些？

在期权基础知识部分我们已经介绍了期权的单一策略，包括看涨期权（买权）和看跌期权（卖权）。为了实现更多的投资目的，通过单一策略买卖的组合可以构造出价差策略，包括牛市看涨价差策略、牛市看跌价差策略、熊市看涨价差策略、熊市看跌价差策略、跨式价差策略、宽跨式价差策略、备兑策略、双限组合策略。

（一）牛市看涨期权价差策略

牛市看涨期权套利是一种垂直套利的形式。交易方式是买进一个执行价格较低的看涨期权，同时卖出一个到期日相同、但执行价格较高的看涨期权，以利用两种期权之间的价差波动寻求获利。牛市看涨期权套利的最大风险是买进期权时付出的期权费和卖出期权时收取的期权费之差，最大收益是卖出看涨期权的执行价格与买进看涨期权的执行价格之差再减最大风险值。使用时机是看多后市，但认为不会大幅上涨。特点在于权利金成本低，风险收益均有限，其到期损益参考图9－7。

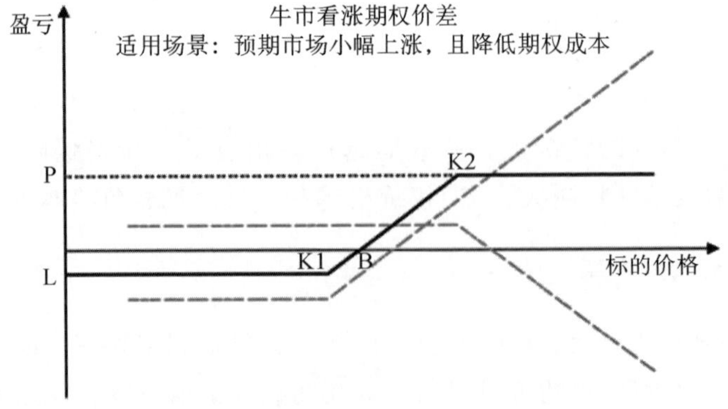

图9－7　牛市看涨期权价差策略到期损益

案例9－1

牛市看涨期权价差策略

假设投资者做多头的PTA看涨期权，行权价格为4900元/吨，期权费为400元/吨；而做空头的PTA看涨期权行权价格为5400元/吨，期权费为300元/吨。则投资者最大收益为（5400－4900）－（400－300）＝400元/吨，最大损失为400－300＝100元/吨，盈亏平衡点为标的资产的市场价格为4900＋（400－300）＝5000元/吨，即当市场价格超过5000元/吨时投资者可获利。

（二）牛市看跌期权价差策略

牛市看跌期权套利的交易方式是指在买进一个执行价格较低的看跌期权的同时，卖出一个到期日相同、但是执行价格较高的看跌期权。牛市看跌期权套利的最大收益是卖出期权时收取的期权费与买进期权付出的期权费之差。最大风险是卖出看跌期权的执行价格与买进看跌期权的执行价格之差再减最大收益值。其到期损益可参考图9－8。

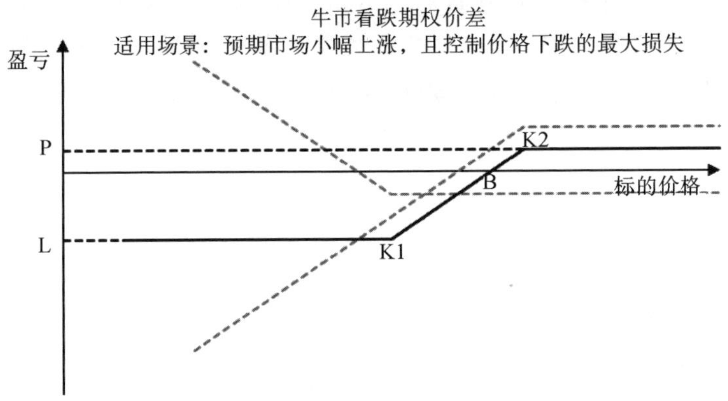

图9－8 牛市看跌期权价差策略到期损益

案例9－2

牛市看跌期权价差策略

假设投资者以100元/吨的价格买入一份行权价为5000元/吨的看跌期

权，同时以300元/吨的价格卖出一份行权价为5400元/吨的看跌期权。如果PTA期货上涨并在到期日收于5500元/吨，那么将获取300－100＝200元/吨的权利金收益。如果PTA期货下降到4500元/吨，那么损益为（5000－4500－100）＋（4500－5400＋300）＝－200元/吨。

（三）熊市看涨期权价差策略

熊市看涨期权套利是卖出一个行权价较低的看涨期权，同时买入一个到期日相同、执行价格较高的看涨期权。熊市看涨期权套利的最大收益是卖出期权时收取的期权费与买进期权时付出的期权费之差。最大风险是买进看涨期权的执行价格与卖出看涨期权的执行价格的差减去最大收益。

案例9－3

熊市看涨期权价差策略

假设投资者以100元/吨的价格买入一份行权价为5500元/吨的看涨期权，同时以400元/吨的价格卖出一份行权价为4900元/吨的看涨期权。如果PTA期货下跌并在到期日价格为4500元/吨，那么将获取400－100＝300元/吨的权利金收益。如果PTA期货上涨到5800元/吨，那么损益为（5800－5500－100）＋（4900－5800＋400）＝－300元/吨。其到期损益参考图9－9。

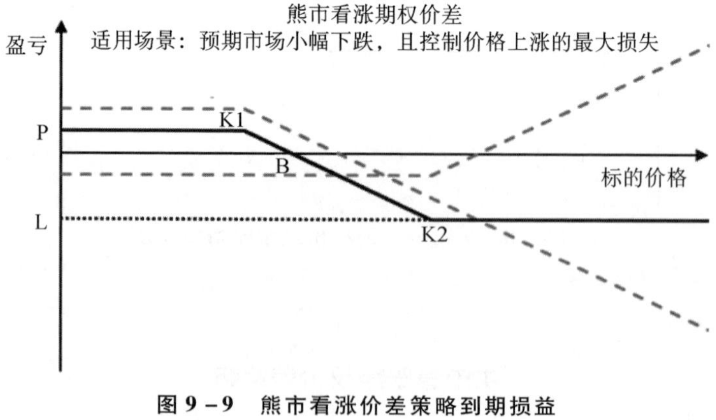

图9－9 熊市看涨价差策略到期损益

（四）熊市看跌期权价差策略

熊市看跌期权套利的交易方式是买进一个执行价格较高的看跌期权，同时卖出一个到期日相同、但是执行价格较低的看跌期权。熊市看跌期权的最大风险是买进期权时付出的期权费与卖出期权时收取的期权费之差。最大收益是买进看跌期权的执行价格与卖出看跌期权的执行价格之差再减最大风险值。使用时机是看空后市，但认为期货价格不会大幅下跌。特点在于权利金成本低，风险收益均有限。其到期损益可参考图 9 - 10。

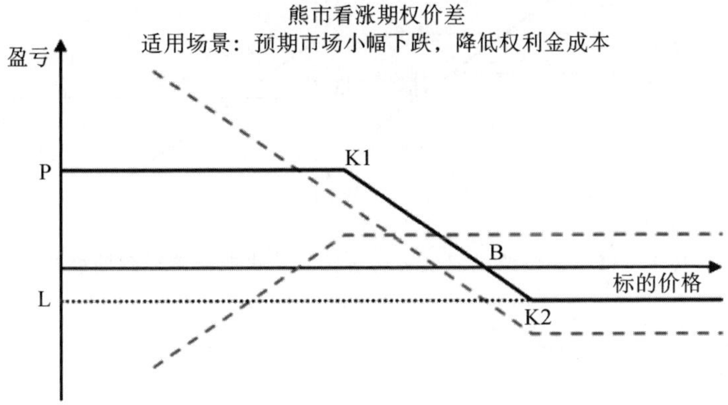

图 9 - 10 熊市看跌期权价差策略到期损益

案例 9 - 4

熊市看跌期权价差策略

假设投资者以 300 元/吨的价格买入一份行权价为 5400 元/吨的看跌期权，同时以 100 元/吨的价格卖出一份行权价为 5000 元/吨的看涨期权。如果 PTA 期货上涨并在到期日价格为 5600 元/吨，那么损益为 100 - 300 = - 200 元/吨。如果 PTA 期货下跌到 4400 元/吨，那么损益为（5400 - 4400 - 300）+（4400 - 5000 + 100）= 200 元/吨。

（五）跨式期权策略

跨式期权属于期权波动率策略。构建方法是以相同的执行价格同时购买或卖出相同的到期日相同标的资产的看涨期权和看跌期权。卖出跨式期权的情景是预测后市只会窄幅震荡，波动率不变或下跌。卖出跨式期权的最大收益是卖出看涨期权和卖出看跌期权的权利金之和。买入跨式期权的情景是预测后市会大幅突破，波动率上升，但是不确定是上涨还是下跌。买入跨式期权的最大损失是买入看涨期权和买入看跌期权的权利金之和。其到期损益可参考图 9－11。

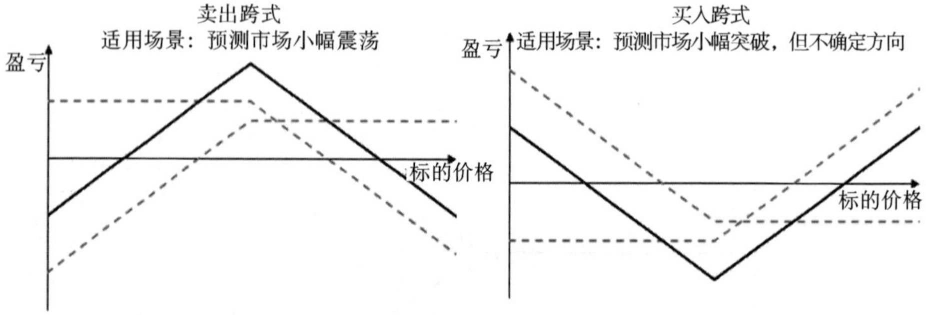

图 9－11　卖出跨式期权策略与买入跨式期权策略到期损益

案例 9－5

跨式期权策略

投资者花费 200 元/吨买入行权价为 5200 元/吨的看涨期权，同时花费 150 元/吨买入行权价格为 5200 元/吨的看跌期权。当 PTA 期货价格上涨并收于 6000 元/吨时，损益为（6000－5200－200）＋（0－150）＝450 元/吨；当 PTA 期货下跌并收于 4500 元/吨时，损益为（0－200）＋（5200－4500－150）＝350 元/吨；当 PTA 期货价格收于 5200 元/吨时，损失最大，为（0－200）＋（0－150）＝－350 元/吨。

（六）宽跨式期权策略

宽跨式套利是指投资者同时买进或卖出相同标的物、相同到期日，但不同执行价格的看涨期权和看跌期权。卖出宽跨式期权对应的情景是预测标的物价格将有变动，但无法确定其方向，波动率不变或下跌。买入宽跨式期权策略的使用情景是预测标的物价格将有大的变动，但无法确定其方向，市场波动率上升。宽跨式套利的成本比跨式套利低，这是因为两个期权的执行价格都处于较深的虚值状态，因此成本较低。对于买入宽跨式期权组合来说，无论价格上涨或下跌，都具有巨大的收益潜力，但价格变动都必须显著才能获益。如果期货价格高于高平衡点，收益 = 期货价格 - 高执行价格 - 权利金；如果期货价格低于低平衡点，收益 = 低执行价格 - 期货价格 - 权利金。而对于卖出宽跨式期权组合来说，其收益是有限的，即是卖出两种期权获得的权利金费用，但期货价格的变化不能超出两种期权执行价格形成的区间，否则将会面临亏损。如果期货价格上涨超过了高执行价格，其亏损 = 高执行价格 - 期货价格 + 权利金；如果期货价格下跌超过了低执行价格，其亏损 = 期货价格 - 低执行价格 + 权利金，见图 9 - 12。

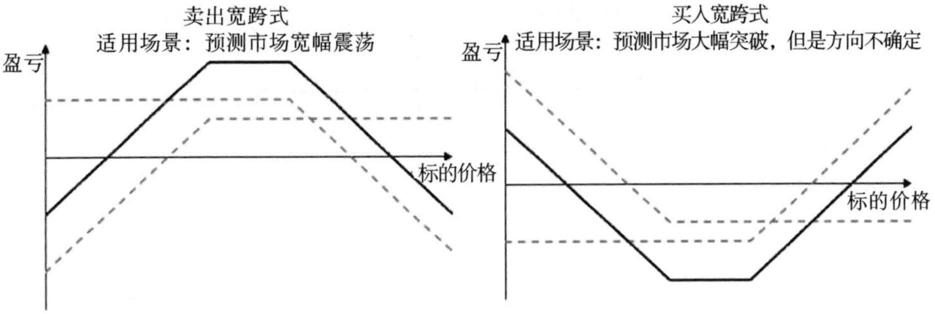

图 9 - 12 卖出宽跨式期权组合与买入宽跨式组合到期损益

案例 9 - 6

卖出宽跨式期权策略

投资者卖出行权价为 5000 元/吨的看涨期权，获取权利金 300 元/吨；同时卖出行权价格为 4850 元/吨的看跌期权，获取权利金 50 元/吨。当 PTA 期货价格上涨并收于 5500 元/吨时，损益为（5000 - 5500 + 300）+（50 - 0）= -150 元/吨；当 PTA 期货下跌并收于 4400 元/吨时，损益为（300 - 0）+（4400 - 4850 + 50）= -100 元/吨；当 PTA 期货价格收于 5000 元/吨时，收益最大，为 300 + 50 = 350 元/吨。

（七）备兑期权策略

备兑期权策略属于对冲策略，备兑看涨期权由看涨期权空头和同数量的期货多头或者同数量的现货组成。卖出看涨期权时，同时持有同月份同数量标的PTA期货多头，或者持有同数量的PTA现货。例如：投资者卖出1手虚值看涨期权TA109C5500，价格为29.5元/吨，同时买入1手价格为4634元/吨的标的PTA期货合约，构成备兑看涨期权。备兑看涨期权的使用场景是持有PTA期货多头，预期市场上涨但涨幅有限。相比持有PTA期货多头合约，执行备兑看涨期权策略可以增强收益，但是不能限制价格下跌的风险，且市场上涨的收益是有限的。其到期损益可参考图9-13。

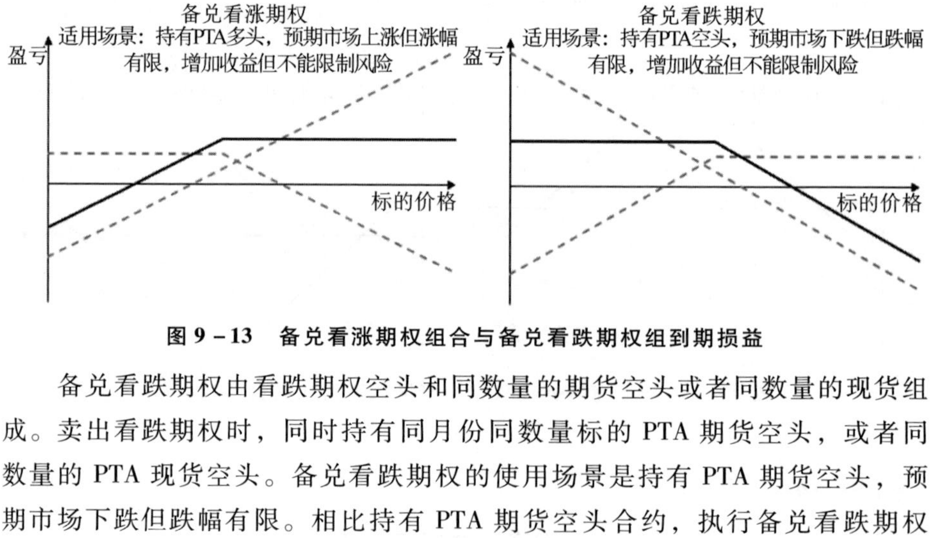

图9-13　备兑看涨期权组合与备兑看跌期权组到期损益

备兑看跌期权由看跌期权空头和同数量的期货空头或者同数量的现货组成。卖出看跌期权时，同时持有同月份同数量标的PTA期货空头，或者同数量的PTA现货空头。备兑看跌期权的使用场景是持有PTA期货空头，预期市场下跌但跌幅有限。相比持有PTA期货空头合约，执行备兑看跌期权策略可以增强收益，但是不能限制价格上涨的风险，且市场下跌的收益是有限的。其到期损益可参考图9-13。

案例9-7

备兑看涨期权组合策略

投资者持有5200元/吨的PTA期货合约，并卖出行权价格为5200元/吨的PTA平值看涨期权，获取200元/吨的权利金。当PTA期货价格由100

元/吨上涨至 5300 元/吨时，策略持有损益为（5300 - 5200）+（5200 - 5300 + 200）= 200 元/吨，取得增强收益的效果；当 PTA 期货价格下跌并收于 4800 元/吨时，持有收益为（4800 - 5200）+（200 - 0）= - 200 元/吨，取得减少损失的效果。

（八）保护性期权策略

保护性看涨期权策略适用于持有 PTA 期货空头，在规避价格大幅上涨的风险的同时，保留价格下跌的收益。构建方法是持有 PTA 期货空头，同时买入看涨期权。当市场价格上涨时，买入看涨期权的收益对冲了做空 PTA 期货的亏损；当市场价格下跌时，持有 PTA 空头端获利，买入看涨期权到期放弃行权，组合的净收益是 PTA 空头的持仓收益 - 看涨期权的权利金。其到期损益参考图 9 - 14。

保护性看跌期权策略适用于持有 PTA 期货多头，在规避价格大幅下跌的风险的同时，保留价格上涨的收益。构建方法是持有 PTA 期货多头，同时买入看跌期权。当市场价格上涨时，组合的净收益是 PTA 多头的持仓收益，即看跌期权的权利金；当市场价格下跌时，买入看跌期权的收益对冲了做多 PTA 期货的亏损，其到期损益参考图 9 - 14。

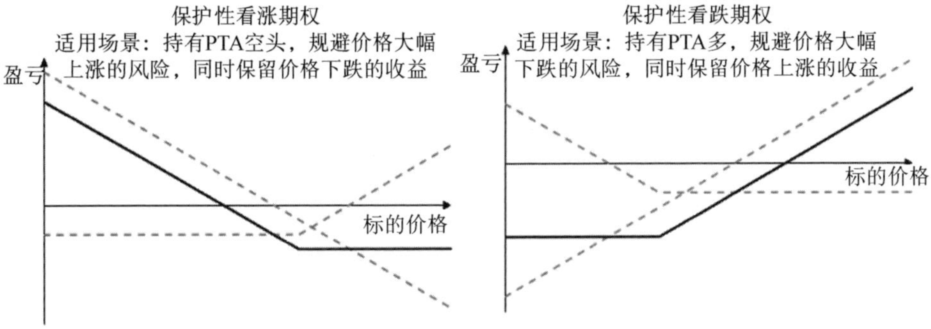

图 9 - 14 保护性看涨期权组合与保护性看跌期权组合到期损益

案例 9－8

保护性看涨期权组合策略

投资者以 5200 元/吨建仓 PTA 期货空头，并买入行权价格为 5400 元/吨的 PTA 虚值看涨期权，花费 100 元/吨的权利金。当 PTA 期货价格上涨并收于 5800 元/吨时，持有损益为（5200－5800）+（5800－5400－100）=－300 元/吨，价格上涨的损失有限；当 PTA 期货价格下跌并收于 4800 元/吨时，持有收益为（5200－4800）+（0－100）=300 元/吨，取得的收益为空头持仓收益减去期权权利金。

（九）双限组合策略

双限组合策略适用于持有多头或空头的期货或者现货，锁定价格大幅上涨或下跌风险的同时，降低对冲的成本，简单来说就是一个免费或低保险费的“保险”。构建方法是持有现（期）货多头（空头）部位后，通过支付权利金，买入一个虚值看跌期权（或看涨期权），以此来保护现（期）货多头（空头）部位下跌（上涨）的风险。同时，卖出一个虚值的看涨期权（或看跌期权），获得权利金收入，以降低期权保护头寸所需要的权利金。策略使用的目的是需要构建一个低成本的套期保值策略，同时不需要预期外的盈利，其到期损益参考图 9－15。

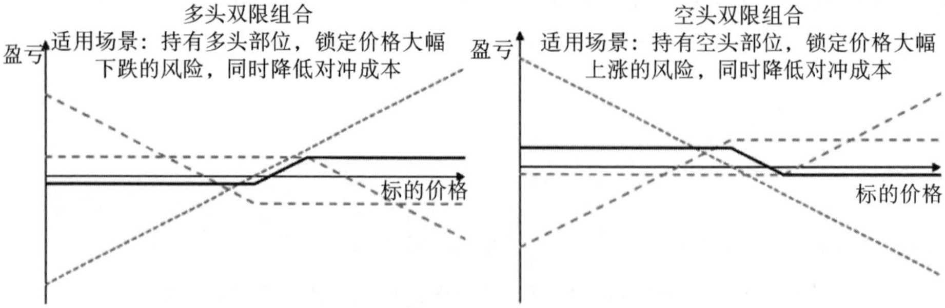

图 9－15　多头双限组合与空头双限组合到期损益

案例 9-9

多头双限组合策略

投资者以 5200 元/吨买入 PTA 现货，买入行权价格为 5200 元/吨的相同头寸的 PTA 看跌期权，花费权利金 177 元/吨；并卖出相同头寸的行权价格为 5300 元/吨的 PTA 看涨期权，获取 146 元/吨的权利金。当 PTA 期货价格上涨并收于 5800 元/吨时，持有损益为（5800 - 5200）+（0 - 177）+（5300 - 5800 + 146）= 69 元/吨；当 PTA 期货价格下跌并收于 4800 元/吨时，持有收益为（4800 - 5200）+（5200 - 4800 - 177）+（146 - 0）= - 31 元/吨。收益和损失都较少，实现了锁定价格的目的，而且降低了对冲的成本。

九、如何使用 PTA 期权为 PTA 现（期）货进行套期保值？

（一）套期保值的定义

套期保值的本质在于对冲风险，使期权、现（期）货可能出现的收益和损失互相弥补，以达到锁定价格或降低风险的目的。如果操作得当可以进行有效的风险管理，包括控制原材料成本、锁定售出利润、优化库存管理等，为企业持续稳健的经营提供保障。

（二）期权套期保值的基本原理

运用期权套期保值是一种基于期权价格与现货价格、期货价格的相关性的套保方式。期权合约标的上涨时，看涨期权同向变动，看跌期权反向变动；期权合约标的下跌时，看跌期权同向变动，看涨期权反向变动。相应地，如果企业需要规避价格上涨风险，可以卖出看跌期权或者买入看涨期权；如果企业需要规避价格下跌风险，则卖出看涨期权或者买入看跌期权。

在期货的套期保值中，买进期货对冲现货部分的风险称为买期保值；卖出期货对冲现货部分的风险称为卖期保值。期权交易有四个基本的策略：买入看涨期权、卖出看涨期权、买入看跌期权、卖出看跌期权。其他因素不变时，若现货和标的物期货价格上涨，则看涨期权价格上涨，看跌期权价格下跌；若现货和标的物期货的价格下跌，则看涨期权价格下跌，看跌期权价格上涨。因此，可以通过买入看涨期权或卖出看跌期权，将期权行权转化为期货的多头方式，对冲现货或期货价格上涨的风险。通过买入看跌期权或卖出看涨期权，在行权后转化为期货空头的形式，对冲现货或期货价格下跌的风险。

十、用 PTA 期权进行套期保值有什么特点?

期权作为在期货的基础上产生的衍生金融工具，与期货只能对现货进行风险管理不同，期权能同时对现货头寸和期货头寸进行风险管理，有助于企业有效管理多重风险敞口。与现货套期保值相比，期权套期保值有如下特点：

（一）类似于“价格保险”

利用期货进行套期保值，在对冲风险的同时，也对冲掉了潜在的利润空间。如果企业对风险对冲没有足够的认知，在现货盈利期货亏损后认为期货部分的损失对企业而言本是不必要的，如果不做期货套保，就没有当前在期货市场的亏损。这种认识，会对企业继续开展期货套保产生负面影响。而商品期权买入方的损益是非线性的，其收益随市场价格的波动而变动，而与期货的线性亏损不同的是，其损失仅限于买入期权时的期权费。也就是说无论市场价格如何变化，期权买方的最大亏损是买入期权时支付的权利金，相当于为企业买入了“价格保险”。卖出方的亏损随着市场价格的波动而变动，最大收益也是期权费，在现货价格变化不大时会获得额外的权利金收益。

（二）期权买方不需要追加保证金

由于期货交易的保证金制度，当行情发生剧烈的变动时，企业利用期货进行套期保值可能将面临补缴保证金的风险。如果企业无法及时缴足资金，将会面临被强行平仓的局面，导致最终无法保持足够的期货头寸来覆盖价格不利的风险，进而不能达到预期的套期保值效果。即企业做了套保，也承担了对冲利润的风险，但最终却没完全对冲掉风险，这对企业参与套保的积极性无疑是一个重大打击。而运用期权套保时，买方支付了权利金，但不需要缴纳保证金，且无论价格如何变化，都不需要追加保证金。

（三）套保方式灵活多样

企业在进行套保时对期货的交易操作方式包括：买入期货合约或者卖出期货合约。基础期权策略则有四个方向：买入看涨期权、买入看跌期权、卖出看涨期权、卖出看跌期权，企业可以选择不同到期月份、不同执行价格的期权合约进行套期保值，通过组合不同的期权合约，为企业定制出符合自身需求或者符合市场行情变化的多种套保方案，实现不同的套保效果。

（四）资金占用成本低

利用期货套保时，资金占用量通常大于利用期权进行的套保。尤其是买入期权合约时，根据现行的保证金制度，不同于期货买卖都支付保证金的要求，期权买方仅需支付对应的期权费。因此对于期权买方而言，期权交易具有更大的的杠杆效应。与期货交易对比，其资金使用效率更高。而对于期权卖方来说，收取的期权费可以抵补部分保证金，降低了资金成本。所以，企业利用期权进行套期保值操作，资金占用成本会更低。

（五）保值效果更加确定

期货套保可以规避较大的价格波动风险，但是仍然存在不确定的基差风险。期权的买方买的是决定买入或卖出与否的权利，拥有权利而不承担义务，风险是可以预见的，其最大损失是买入期权时支付的期权费。当价格向有利方向变动时，如果考虑平仓，可以获得期权市场上的收益；如果考虑行权，期权执行价格在期权合约中约定了标的期货在到期日的交割价格，可以获得期货市场的收益。对于厌恶风险的套保者来说，期权是进行风险管理更好的选择。

十一、PTA 期权套期保值策略具体有哪些？

（一）保护性套保（买入期权）

保护性套保是指通过买入期权，为现（期）货部分进行保值的策略。套保的目标是保护现（期）货所暴露的风险，而且最大的损失是确定的，即为买入期权支付的权利金。保护性套保策略为现（期）货的价格风险进行对冲，因此又称为“保险策略”。保护性套保策略的适用场景是：套保者希望在价格大幅波动时锁定价格，且保留获得收益的可能。保护性套期保值的最大优势是在保值的同时拥有增值的可能。如果价格朝着有利的方向变动，那么现（期）货部分会获得盈利，期权会面临损失，最大损失为买入期权支付的权利金，其到期损益的情况参考图 9－16。

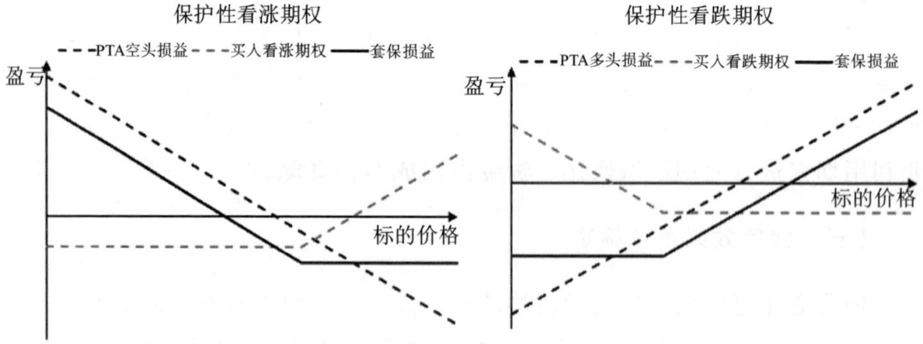

图 9－16　保护性看涨期权与保护性看跌期权到期损益

保护性套保适用投资者：第一种是消费（采购）PTA 的企业，未来计划买入 PTA 或 PX，为预防价格大幅上涨，买入 PTA 看涨期权对冲价格上涨的风险；第二种是销售 PTA 的企业，未来计划卖出 PTA 或 PX，为预防价格大幅下跌，买入 PTA 看跌期权以对冲价格下跌的风险。

下面用表 9－3 的案例来说明保护性套保策略的目的、措施、可能出现的情况以及套保结果。

表 9－3　　保护性套期保值案例

案例	一家聚酯加工厂计划于 2019 年 10 月 25 日购入 1000 吨 PTA 作为其原材料。2019 年 8 月 14 日 PTA 现货价格为 5200 元/吨。此时 TA912 的合约价格为 5300 元/吨，为规避 PTA 价格大幅上涨的风险，并保留价格下跌的盈利或成本降低带来的好处，该加工厂应如何利用期权进行套期保值
套保目的	由于该加工厂的目的是规避 PTA 现货价格大幅上涨的风险，进而锁定生产成本，故应该采取买入看涨期权保护性套期保值策略
套保措施	在 2019 年 8 月 14 日买入看涨期权 TA－912－C－5400，行权价格为 5400 元/吨，支付权利金 200 元/吨
情形 1	2019 年 10 月 25 日，若 PTA 现货价格上涨至 5800 元/吨，对应期货合约价格上涨为 5900 元/吨（假定期货与现货价差不变，下同），则现货端亏损（采购成本上升），期权端盈利 分析：不进行买入看涨期权套保，现货亏损（采购成本增加）600 元/吨；进行买入看涨期权套保，期权盈利 500 元/吨，扣除权利金成本 200 元/吨，期权盈利300 元/吨，现货加期权总亏损（总采购成本上升）300 元/吨
情形 2	2019 年 10 月 25 日，若 PTA 现货价格下跌至 4600 元/吨，对应期货合约价格变为 4700 元/吨 分析：不进行买入看涨期权套保，现货盈利（采购成本降低）600 元/吨；进行买入看涨期权套保，期权盈利 0 元/吨，除权利金成本 200 元/吨，现货与期权总盈利（总采购成本降低）400 元/吨
案例结论	采用买入看涨期权进行保护性套期保值，可以实现两个目标：既锁定了价格上行时的风险、又保留了价格下行时的盈利机会。具体来说：（1）价格上升时，期权获利，可弥补现货损失，对冲价格大幅上升的风险。（2）价格下跌时，放弃行权，损失权利金，可获得现货价格下降带来盈利增加的机会

（二）抵补性套保（卖出期权）

抵补性套保是指通过卖出期权获得权利金，抵补现（期）货价格变动的损失，获得成本降低或销售收入增加的期权套保策略。此套保可以在市场价格有利变动、不变动或变动较小（权利金收入大于价格不利变动的幅度）时获利。抵补性套保的现货端可以看作卖出期权的履约备兑物，因此又称为“备兑策略”。

抵补性套保的使用时机是判断未来不会出现大涨或者大跌的行情，希望获得现货销售成本降低或销售收入增加的机会，愿意承担价格波动较大时出现的风险。优势在于获得相应的权利金收入，而缺点是当现（期）货价格朝着不利的方向变动较大时，虽然期权端可以弥补一部分的损失，但是不足以弥补期（现）货端的大部分亏损。其到期损益情况可参考图 9 - 17。

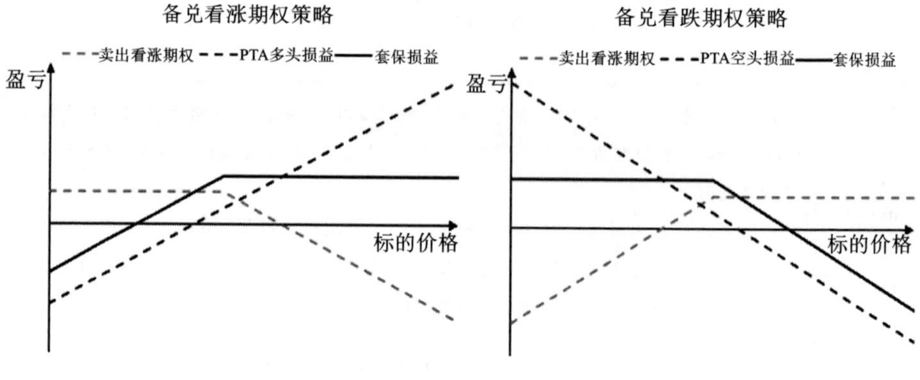

图 9 - 17　备兑看涨期权策略与备兑看跌期权策略到期损益

抵补性套保适用投资者：第一种是 PTA 的消费（采购）企业，未来计划买入 PTA，希望购买的价格降低，通过卖出看跌期权实现降低购买价格的目的。第二种是 PTA 生产（供货）企业，未来计划卖出 PTA，希望出售价格提高，通过卖出看涨期权保证 PTA 能够高价出售。

下面用表 9 - 4 的案例来说明抵补性套保的目的、措施、可能出现的情况以及套保结果。

表 9－4 抵补性套保案例

案例	2019 年 8 月 20 日，某公司计划于 10 月下旬卖出 1000 吨 PTA 现货，当时的 PTA 现货价格为 5200 元/吨，PTA912 期货合约价格为 5300 元/吨，该企业认为未来期货价格将会不超过有 200 元/吨的波动。为减少 PTA 价格下跌的损失，该企业应如何利用期权进行套期保值
套保目的	由于该公司未来要出售 PTA，相当于拥有 1000 吨的 PTA 现货多头，同时预期未来 PTA 价格上涨或下跌幅度较小，故可采用卖出看涨期权的抵补性套期保值策略
套保措施	在 2019 年 8 月 20 日卖出行权价格为 5500 元/吨的看涨期权 TA－912－C－5500，收取 160 元/吨的权利金
情形 1	2019 年 10 月 25 日，若 PTA 现货价格下降为 5000 元/吨，对应期货合约价格变为 5100 元/吨（假定基差不变），则现货亏损 200 元/吨，期权盈利 160 元/吨，套保总亏损 40 元/吨 分析：不进行卖出看涨期权套保，现货亏损或销售收入减少 200 元/吨；进行卖出看涨期权套保，期权亏损 0 元/吨，权利金收入 160 元/吨，期权盈利 160 元/吨，现货加期权总亏损（总销售收入减少）40 元/吨
情形 2	2019 年 10 月 25 日，若 PTA 现货价格上涨为 5400 元/吨，对应期货合约价格上涨为 5500 元/吨（假定基差不变），则现货盈利 200 元/吨，期权因收到权利金也盈利 160 元/吨，套期保值总盈利 360 元/吨 分析：不进行卖出看涨期权套保，现货盈利或销售收入增加 200 元/吨；进行卖出看涨期权套保，期权亏损 0 元/吨，权利金净收入 160 元/吨，期权盈利 160 元/吨，现货加期权总盈利（总销售收入增加）360 元/吨
案例结论	采用卖出看涨期权进行抵补性套期保值，降低了现货价格下跌的损失，增加了盈利状态下的收益

（三）双限套保（同时买卖期权）

双限套保可以看作是通过期权构建一个低保费的“保险”。使用时需要较低的成本构建一个套期保值组合，且不需要额外的收益，适合稳健经营的企业使用。

双限套保是指企业拥有现（期）货多头（空头）部位后，通过支付权利金，买入一个虚值看跌期权（或看涨期权），来保护现（期）货多头（空头）部位下跌（上涨）的概念。同时，卖出一个虚值看涨期权（或看跌期权），获得相应的权利金收入，以降低保值所需要的权利金成本。通过买入期权对冲价格波动的风险；通过卖出期权获取权利金，以降低套保的成本，其到期损益可参考图 9－18。

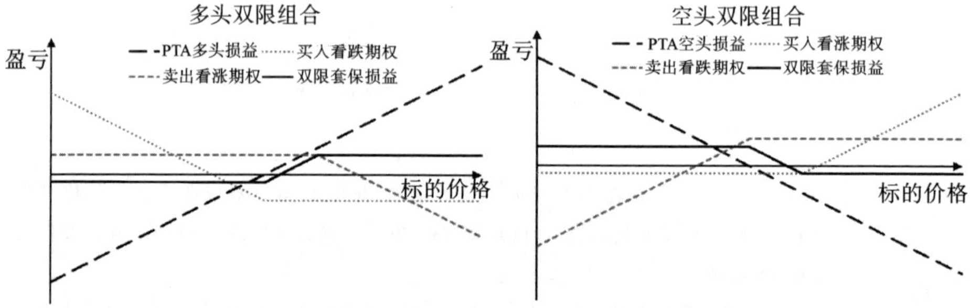

图 9－18　多头双限组合与空头双限组合到期损益

以下通过表 9－5 中的案例来说明双限套保的目的、措施、可能出现的情况以及套保结果。

表 9－5　双限套保案例

案例	2019 年 8 月 20 日，聚酯加工厂计划于 2019 年 10 月 25 日购入 1000 吨 PTA 作为其原材料，当时的 PTA 现货价格为 5200 元/吨，TA912 期货合约价格为 5300 元/吨。预期未来的 PTA 价格会出现较大的波动，为避免 PTA 价格上涨的风险，同时降低期权保值成本，该加工厂应如何利用期权进行套期保值
套保目的	由于该加工厂未来要购入 PTA，相当于拥有 1000 吨的 PTA 现货空头，预期未来 PTA 价格可能出现比较大的上涨，采用买入看涨期权保值策略，同时考虑尽可能降低权利金成本，故采用卖出看跌期权保值策略。两种保值策略并用，即运用空头双限套期保值策略，可以同时满足企业的两种需求
套保措施	在 2019 年 8 月 20 日，买入行权价格为 5400 元/吨的看涨期权 TA－912－C－5400，支付权利金 200 元/吨；同时，为降低权利金成本，卖出行权价格为 5100 元/吨的看跌期权 TA－912－P－5100，收到权利金 150 元/吨

续表

套保结果	买入看涨期权的支出为 200 元/吨，卖出看跌期权的收入为 150 元/吨，该套期保值组合合计花费为 50 元/吨 若仅采用保护性套期保值，则需要支付 200 元/吨。显然，双限套保的成本更低 情况一：当现货价格高于 5300 元/吨，而期货价格高于 5400 元/吨（假定基差不变）时，出现最大亏损 150 元/吨（现货市场与期货市场盈亏相抵后最大亏 100 元/吨，权利金成本 50 元/吨）。当现货价格低于 5000 元/吨，而期货价格低于 5100 元/吨（假定基差不变）时，出现最大盈利 150 元/吨（现货市场与期货市场盈亏相抵后最大盈利 200 元/吨，期权市场损失权利金 50 元/吨）。在价格大幅变动行情下，双限套保的盈利和亏损都比较小
案例结论	采用空头双限套保后，达到了两个效果：（1）降低了套期保值的成本；（2）即使 PTA 价格出现较大的波动，盈利和亏损都有上限

十二、PTA 期权套保需要关注什么问题？

（一）期权套期保值持仓了结

根据郑商所的期权交易规则，保值者在期权合约建立的套期保值持仓，可以采取以下三种了结方式：

平仓：指买入或卖出与所持期权合约的数量、标的物、月份、到期日、类型和行权价格相同，但方向相反的期权合约以了结期权合约的方式。

行权：指期权合约买方按照规定行使权利，以行权价格买入或者卖出标的物。

放弃：指期权合约到期，买方不行使权利，卖方义务终结。

根据期权的行权价格，保护性套保和抵补性套保对于了结方式选择的具体分析如下：

对于保护性套保，买入期权后，平仓了结优于行权。期权的价值包括内在价值与时间价值两部分，期货期权的权利金大于内在价值。买方提出行权后获得期货部位，只能从内在价值中获利，但放弃了期权的时间价值。所以，如果市场流动性较好，平仓为最优选择，保值者可以通过期权的盈利来弥补现货（期货）的损失或者减少期权部位的亏损。如果保值者想进行实物交割，可以考虑行权。保值者在买入期权后，不会面临交纳及追加保证金的风险，但如果保值者根据市场情况，选择通过实物交割的方式来完成保值交易，就需要先提出行权，以获得期货部位。需要注意的是，交易者须满足期货交易的保证金要求，进入交割月前一个月，期货的交易保证金逐步提高（具体见交易所规则），交易者要预先安排好资金，确保套期保值计划顺利进行。

对于抵补性套保，卖出期权后，卖方有义务而无权利，对于选择持仓了结的方式处于被动地位。最有利的方式是买方到期放弃卖方可以获取全部的权利金收入。如果买方提出行权，卖方需要履约，这种情况一般对卖方不利，会打乱保值者的交易计划。

（二）期权套保月份与到期

与标的期货合约相比，商品期权合约一般提早到期。郑商所白糖、棉花、PTA、甲醇与菜籽粕期权合约的到期日和最后交易日均为标的期货合约交割月份前一个月的第 3 个交易日，以及交易所规定的其他日期。根据套期保值月份相近的操作原则，应注意与其现货（期货）经营计划期限上的匹配。

（三）期权套保与行权价格

投资者可以根据自己的成本预算及套保效果等选择确定期权合约的行权价格。对于生产者来说，为了获得较好的卖价，买入的看跌期权行权价格越高，收益空间越高，但其权利金成本也越高；看跌期权的行权价格越低，其锁定的卖出价越低，但权利金成本也越低。对于加工厂来说，买入的看涨期权行权价格低，可以锁定较低的生产成本，但其权利金成本相应较高；看涨期权的行权价格高，意味着将来的买价高，但权利金成本相对较低。在期权市场中，一般情况下平值附近的期权合约交易较为活跃，深实值与深虚值的期权合约流动性不足。深度实值的期权能够提供更大的保护，但权利金高；深度虚值期权的权利金低，但其保护效果甚微。保值企业应根据自己的保值目标和成本计划，选择期权合约的执行价格。

（四）期权套保与流动性

期权合约多，成交相对分散，保值者在建立期权部位后，随着期货价格的波动，期权可能变为深实值或深虚值的状态，成交清淡时，保值者可能无法平仓未了结部位。白糖、棉花、PTA、甲醇与菜籽粕期权实行做市商制度，做市商的报价可以满足企业保值的需要，但买卖报价有一定的价差，将在一定程度上影响保值成本。因此，保值者与其他期权交易者一样，都需要根据流动性来选择期权合约和被套保头寸了结的方式。

（五）期权套保申请

套期保值持仓额度实行审批制，分为一般月份套期保值持仓额度和临近交割月份套期保值持仓额度。期货和期权套期保值持仓总额不得超过交易所批准的套期保值额度。套期保值持仓额度分为买入套期保值持仓额度和卖出套期保值持仓额度。买入套期保值持仓额度可以用于建立期货合约多头、看涨期权合约多头、看跌期权合约空头的套期保值持仓：卖出套期保值持仓额度可以用于建立期货合约空头、看涨期权合约空头、看跌期权合约多头的套期保值持仓。

十三、期权的希腊字母有什么含义？

上文介绍过期权的价格，其实是由多种因素共同决定的：价格、时间、波动率和利率等。而期权的希腊字母，就是这些关键因素影响期权价格的具体表述。本节将简单介绍期权的希腊字母，帮助投资者学会如何理解这些希腊字母，从而把握当前头寸的具体风险。

（一）Delta

Delta表示期权价格对PTA期货价格的变动率。PTA期货价格每变动一个单位，期权价格产生的变化，就是Delta。例如一个看涨期权的Delta为0.5，它表明如果PTA期货价格上涨1元/吨，在其他条件不变的情况下，这张看涨期权合约的价格就会上涨0.5元/吨。

看涨期权的Delta为正值，取值范围为0~1；看跌期权的Delta为负值，取值范围为-1~0。平值期权的Delta绝对值为0.5，实值程度越高的期权，Delta绝对值越接近1，虚值程度越高的期权，Delta绝对值越接近0。正Delta头寸，意味着期权价格与PTA期货价格正向变动；负Delta头寸意味着期权价格与PTA期货价格反向变动，因此Delta也代表了期权风险的方向性。

Delta的几种运用：（1）表示期权价格相对于现（期）货价格的变化率；（2）确定对冲或套保比率；（3）期权在到期日近似的实值概率，这一点对交易者来说非常重要。比如一张看涨期权合约的Delta为0.2，即代表在当下时点，其在到期日的实值概率为20%。这一点对于判断期权合约在到期日的实值、虚值程度来说，是个简便可行的办法。

（二）Gamma

Gamma表示Delta对于PTA期货价格的变动率，即PTA期货价格每变动一个单位，Delta值产生的变化。Gamma衡量Delta值对于PTA期货价格变动的敏感程度。假设一个看涨期权的价格为100元/吨，Delta为0.3，Gamma为0.2。在其他条件不变的前提下，当PTA期货价格上涨1元/吨时，这个看涨期权的Delta将变为0.5。

看涨、看跌期权的Gamma值都为正值，因此，当拥有期权多头头寸，即买入期权时，无论买入看涨还是看跌期权，都拥有正的Gamma头寸；卖出看涨或看跌期权时，都拥有负的Gamma头寸。随着时间流逝，实值和虚值期权的Gamma值会减小，平值期权的Gamma值会增大，尤其是平值期权临近到期日时，Gamma值会急剧增大。Gamma实际上通过影响Delta从而影响期权价格，代表了期权价格的变化速度，也称为量级风险。

（三）Theta

Theta表示时间流逝对期权价格产生的变化，每减少一天，期权价格的变化值就是Theta。假设一个期权的Theta值为1，则说明在其他条件不变的情况下，这个期权合约每天的价值减少1元/吨。

Theta值与其他希腊字母都不同，因为期权总是在一定时间段内的权利，而时间是单向流逝的，因此期权的时间价值总是在衰减的。买入期权，每天都会流逝时间价值，即拥有负的Theta；卖出期权，每天都会收获时间价值，即拥有正的Theta。由于Gamma的值也取决于期权的多、空头寸，因此Theta值的符号与Gamma值必定是相反的。

（四）Vega

Vega表示波动率的单位变动对期权价格产生的变化，Vega即代表波动率每变化1%，对期权价格的影响。假设一个看涨或看跌期权的Vega值为0.5，则当隐含波动率上升1%时，期权的价格增加0.5元。

因为波动率不可能是负数，因此Vega总是正值。期权的价值总是随着波动率的上升而增加，随着波动率的下降而减小。因为更大的波动性，意味着价格有更大的波动可能，因此更有价值。相对于实值、虚值期权来说，平值期权对波动率更为敏感。到期日更长的期权对波动率更为敏感。

（五）Rho

Rho表示无风险利率的单位变动对期权价格产生的影响，通常来说指无风险利率变动1%的情况下，对期权价格的影响程度。相对于其他几个希腊字母来讲，Rho对期权价格的影响通常最小，在大多数交易的时间段内，利率是无变化的，因此这个值，很多交易者通常不予使用。

看涨期权的Rho是正值，利率上升，期权价值增加；看跌期权的Rho是负值，利率上升，期权价值减小。对看涨期权来说，期货价格越高，利率的影响越大；对看跌期权来说，期货价格越低，利率影响越大。并且，利率对实值期权的影响大于对虚值期权的影响，随着到期日的临近，利率对期权价值的影响逐渐变小。

自测题

一、填空题

1. ________是 PTA 期权卖方为获得期权合约所赋予的选择权而向卖方支付的费用。

2. PTA 期权合约的涨跌停板幅度是根据 PTA 期货上一交易日________乘以相应比例确定的。

3. 当 PTA 期货价格为 5000 元/吨时，行权价格为 5200 元/吨的 PTA 期货看涨期权为________值期权。

4. 预期后市 PTA 价格下跌，期望获得权利金，投资者适宜选择________看涨期权策略。

5. 若 PTA 期货的市场价格________看跌期权的行权价格，期权为平值期权。

二、选择题

1. PTA 期权的（　　）在将来某一时间，按照特定价格，买入或卖出一定数量 PTA 期货。

A. 买卖双方有权利　　　　B. 买方有义务

C. 买方有权利　　　　　　D. 卖方有权利

2. 某投资者买入 10 手 TA－2109－C－5500 期权合约，当日卖出平仓 5 手，行权 3 手。若前一交易日无任何持仓，当日结算时其持有（　　）手 TA－2109－C－5500 期权头寸。

A. 2　　　B. 10　　　C. 3　　　D. 5

3. 投资者买入 PTA 期货看跌期权合约，随后 PTA 期货合约价格大幅上涨，这类风险属于（　　）。

A. 操作风险　B. 流动性风险　C. 保证金风险　D. 市场风险

4. 根据期权交易（　　），交易所规定了客户可以持有的、按单边计算的某月份期权合约投机持仓的最大数量。

A. 强行平仓制度　　　　　B. 限仓制度

C. 大户报告制度　　　　　D. 交易限额制度

5. 开通期权交易权限。交易所要求投资者提供（　　）。

A. 银行存款证明　　　　　B. 仿真交易经历

C. 房产证明　　　　　　　D. 股票交易经历

三、判断题

1. 卖方可能发生巨额损失，这一损失可能远大于该期权的权利金，并可能超过投资者存放在期货公司的全部初始保证金以及追加保证金。（　　）

2. 如果期权的内在价格等于 0，则其时间价值等于期权价格。（　　）

3. 美式期权和欧式期权的区别主要是交易地域不同。（　　）

4. 期权买方最大损失为权利金（不考虑交易成本），无须关注期货公司发出的关于期权交易及行权、放弃、履约事项的提醒通知。（　　）

5. 对可能因杠杆交易等因素导致大部分本金或者全部本金亏损的产品或者服务，应当审慎评估其风险等级。（　　）

参考答案

一、填空题

1. 权利金　2. 结算价　3. 虚　4. 卖出　5. 等于

二、选择题

1. C　2. A　3. D　4. B　5. B

三、判断题

1. 对　2. 对　3. 错　4. 错　5. 对

后　记

本书是专为期货投资者编写的一本普及性读物，适合于精对苯二甲酸（PTA）产业链企业和普通投资者阅读。

本书注意实用性、趣味性，以通俗易懂的语言、鲜明生动的案例将理论知识简单化，避免了理论知识阐述过程中的呆板僵硬。对PTA产业链企业而言，本书具有指导实务操作的作用，书中包含了大量套期保值、套利、风险管理的应用型案例，对企业应用PTA期货和期权有一定借鉴意义。对于普通投资者而言，本书通过一问一答的形式，由浅入深地剖析PTA产业的基本面和技术面，有助于投资者快速了解PTA市场。

与证券、债券等金融工具相比，期货作为风险管理工具，专业性强，杠杆率高，风险大，这在客观上要求投资者具备一定的专业投资知识、经济实力以及风险承受能力。"期市有风险，入市需谨慎!"

本书由于篇幅限制，无法尽述相关实体企业及投资者在期货市场上可能面临的所有具体情况，不管是实体企业还是普通投资者，参与期货市场，都务必结合自身需求，制定科学合理的交易策略。企业参与套期保值要避免变成投机，普通投资者要严格评估自身能力，尽可能地熟悉并掌握交易品种的市场特点及操作技巧，并严格控制交易规模，避免遭受不必要的损失。

作为《期货投资者教育系列丛书》之一，本书由中国期货业协会组织编写，五矿期货有限公司李晶、隆辰亮、卢博文、丁易川、刘灵春、朗志杰同志承担具体编写任务。郑州商品交易所对本书书稿进行了审阅并提出了宝贵建议。

本书在第一版的基础上修订而来，在此感谢第一版编写人员永安期货股份有限公司匡波、俞培斌、孔亮、刘志葵、莫建建同志在本书第一版编写过程中做出的杰出贡献。本书在编写过程中还得到了中国证监会投资者保护局、期货部、郑州商品交易所和五矿期货有限公司领导的指导和帮助，在此表示衷心的感谢！书中的错误之处，敬请批评指正。

中国期货业协会

《期货投资者教育系列丛书》编委会

2022 年 8 月

书单
FUTURES

一、系列

序号	系列
（一）	期货交易者教育系列图书
（二）	金融衍生品系列丛书
（三）	中国期货业发展创新与风险管理研究
（四）	中国期货市场年鉴
（五）	“讲故事　学期货”金融国民教育丛书
（六）	全国期货从业人员资格考试参考用书
（七）	服务实体经济系列
（八）	期货投资者保护丛书
……	……

二、明细

（一）期货交易者教育系列图书

序号	书名	书号
1	铜期货	978-7-5223-0293-5
2	精对苯二甲酸（PTA）期货	978-7-5223-1405-1
3	玉米期货	978-7-5223-2467-8
4	铝期货	978-7-5223-2980-2
5	小麦	978-7-5095-3183-9
6	锌	978-7-5095-3190-7
7	线型低密度聚乙烯、聚丙烯和聚氯乙烯期货	978-7-5223-2982-6
8	早籼稻	978-7-5095-3076-4

续表

序号	书名	书号
9	棉花期货	978-7-5223-2276-6
10	燃料油期货	978-7-5223-2659-7
11	棕榈油期货	978-7-5223-2981-9
12	黄金	978-7-5095-2532-6
13	白糖期货	978-7-5095-8814-7
14	豆类期货	978-7-5095-8815-4
15	焦煤焦炭期货	978-7-5223-2286-5
16	乙二醇期货	978-7-5223-1645-1
17	铅	978-7-5095-4086-2
18	鸡蛋期货	978-7-5095-5803-4
19	铁矿石期货	978-7-5095-5809-6
20	纤维板、胶合板期货	978-7-5095-5810-2
21	石油沥青期货	978-7-5095-5816-4
22	菜籽系期货	978-7-5095-5743-3
23	白银期货	978-7-5095-5955-0
24	玻璃期货	978-7-5095-5697-9
25	动力煤期货	978-7-5095-5802-7
26	稻谷期货	978-7-5095-5826-3
27	原油期货（第二版）	978-7-5223-2342-8
28	苹果期货	978-7-5223-0455-7
29	花生期货	978-7-5223-0967-5
30	生猪期货	978-7-5223-0851-7
31	天然橡胶期货	978-7-5223-1184-5
32	钢材期货	978-7-5223-1175-3
33	甲醇期货	978-7-5223-1295-8
34	纸浆期货	978-7-5223-1277-4
35	纯碱期货	978-7-5223-2285-8
36	镍与不锈钢期货	978-7-5223-2488-3
37	锡期货	978-7-5223-2660-3
38	液化石油气期货	978-7-5223-2931-4
……	……	……

（二）金融衍生品系列丛书

序号	书名	书号
1	股指期货（第二版）	978-7-5095-9432-2
2	场外衍生品（第二版）	978-7-5095-9596-1
3	国债期货（第二版）	978-7-5095-9601-2
4	金融期权（第二版）	978-7-5095-9598-5
5	外汇期货（第二版）	978-7-5095-9597-8
6	结构化产品（第二版）	978-7-5095-9600-5
7	金融衍生品习题集（第二版）	978-7-5095-9599-2

（三）中国期货业发展创新与风险管理研究

序号	书名	书号
1	中国期货业发展创新与风险管理研究（8）	978-7-5095-6907-8
2	中国期货业发展创新与风险管理研究（9）	978-7-5095-7523-9
3	中国期货业发展创新与风险管理研究（10）	978-7-5095-8144-5
4	中国期货业发展创新与风险管理研究（11）	978-7-5223-0213-3
5	中国期货业发展创新与风险管理研究（12）	978-7-5223-1483-9
6	中国期货业发展创新与风险管理研究（13）	978-7-5223-2215-5
7	中国期货业发展创新与风险管理研究（14）	978-7-5223-2819-5
……	……	……

（四）中国期货市场年鉴

序号	书名	书号
1	中国期货市场年鉴（2015）	978-7-5095-6924-5
2	中国期货市场年鉴（2016）	978-7-5095-7503-1
3	中国期货市场年鉴（2017）	978-7-5095-8331-9
4	中国期货市场年鉴（2018）	978-7-5095-9079-9
5	中国期货市场年鉴（2019）	978-7-5095-9869-6
6	中国期货市场年鉴（2020）	978-7-5223-0640-7
7	中国期货市场年鉴（2021）	978-7-5223-1500-3
8	中国期货市场年鉴（2022 中文版）	978-7-5223-2380-0
9	中国期货市场年鉴（2022 英文版）	978-7-5223-2381-7
10	中国期货市场年鉴（2023 中文版）	978-7-5223-2837-9
11	中国期货市场年鉴（2023 英文版）	978-7-5223-2836-2
……	……	……

（五）“讲故事 学期货”金融国民教育丛书

序号	书名	书号
1	走进期货	978-7-5095-7095-1
2	如何进行期货交易	978-7-5095-7092-0
3	期货的套保和套利	978-7-5095-7093-7
4	期货交易中的“规矩”	978-7-5095-4355-9
5	金属期货	978-7-5095-7087-6
6	农产品期货	978-7-5095-7104-0
7	能化期货	978-7-5095-7088-3
8	金融期货	978-7-5095-7094-4
9	期权	978-7-5095-7217-7
10	场外衍生品	978-7-5095-7091-3

（六）全国期货从业人员资格考试参考用书

序号	书名	书号
1	期货及衍生品基础（第三版）	978-7-5223-1005-3
2	期货法律法规与职业道德（第二版）	978-7-5223-2897-3
3	期货及衍生品分析与应用（第四版）	978-7-5223-0998-9

（七）服务实体经济系列

序号	书名	书号
1	期货行业助力复工复产案例集	978-7-5223-0168-6
2	期货服务实体经济案例集	978-7-5095-8029-5
……	……	……

（八）期货投资者保护丛书

序号	书名	书号
1	期海导航——期货投资常识与基础知识	978-7-5223-1045-9
2	期海护航——期货交易者合法权益保护	978-7-5223-1531-7

咨询电话：010-88190912

咨询邮箱：jiayanping@cfemg.cn